アイラ・チャレフ著
Ira Chaleff
野中香方子訳

The Courageous Follower
Standing up to & for our leaders

ザ・フォロワーシップ

上司を動かす
賢い部下の
教科書

ダイヤモンド社

The Courageous Follower

by

Ira Chaleff

Japanese translation rights arranged with Berrett-Koehler Publishers, Inc.,
San Francisco, California through Tuttle-Mori Agency., Tokyo

本書は、自らがフォロワー（リーダーを支える人）の立場にあることを自覚し、外部からの強い圧力や因習に負けることなく、確固たる信念にもとづいて勇敢にその役目を果たそうとする、すべての人々に捧げるものだ。フォロワーの勇気ある行動が広く認められたり、賞賛されたりすることはほとんどないが、近年、軍隊で起きた二つの出来事はその例外となった。

最初の事例は、アメリカ陸軍の野戦指揮官の行動で、彼は上官の再三にわたる攻撃命令に従わなかった。攻撃目標とされた地点に、アメリカ軍のほかの部隊が進駐していると信じて疑わなかったからだ。彼の判断は正しかった。命令に背いたことによって、仲間の兵士たちの命は「味方の誤射」から救われた。

もう一つの事例は、その事件のてんまつを検証した陸軍士官たちの行動だった。彼らは、かの野戦指揮官が命令に背いた行為を上官への不服従ではなく、勇気ある行動と見なし、勲章を贈ってその功績を讃えた。

はじめに――フォロワーシップとは何か？

アメリカ議会図書館で件名目録をスクロールすると、「リーダーシップ」を扱った多くの本が見つかるだろう。しかし、「フォロワーシップ」をタイトルに掲げる本は見当たらない。その分野を扱う文献も数えるほどで、リーダーシップ関連の書名の下にひっそりと添えられているだけだ。

世の中には、リーダーよりもフォロワーのほうがはるかに数が多いのに奇妙な話である。フォロワーの仕事ぶりを向上させることは、リーダーの仕事ぶりを向上させるのと同様に、研究に値するはずなのだが。

私はこれまでの人生を通じてずっと、フォロワーシップを研究してきた。それはまだ私が幼かったころ、第二次世界大戦中にヨーロッパで六〇〇万人ものユダヤ人が組織的に虐殺されたのを知ったことがきっかけだった。私もほかの多くの人たちと同じように、責任は指導者のアドルフ・ヒトラーだけでなく、ドイツ国民にもあると考えた。七歳か八歳のころには、ナチスの死の収容所からどれだけ多くの命を救えるかを競うゲームを考案したが、少しも十分ではなかった。

国民すべてが一人の邪悪な指導者の言いなりとなり、その病的な思考の論理についていったのはなぜか。私たちの世代が「フォロワー」という言葉に軽蔑のニュアンスを感じるのは、精神を病んだ指導者を大衆が支持したという、この事実に由来するのかもしれない。

私はずいぶん成長してからようやく、ナチスのイデオロギーの基本理念の一つが「指導者原理」と呼ばれる「一つの民族、一つの帝国、一人の総統」であることを知った。それはヒトラーを力と正義の源としていた。「指導者の国」においては、「どんな状況下であっても指導者に忠実な者」こそが最も気高い人間だった。指導者は常に正しく、それに異を唱える者は最も重い罪を負わされた。

また、私は「ホワイト・ローズ」の存在も知った。ナチスの犯罪に加担した同胞の目を覚まさせようと努めた、ごく少人数のグループである。彼らは哲学者ヨハン・ゴットリープ・フィヒテの言葉、「全ドイツの運命は汝と汝の行ないにかかっており、汝ひとりが責任を負う覚悟で行動すべし」を理念として掲げた。しかし、「責任を負うフォロワーシップ」という理念は無残にも失敗した。ドイツの文化には浸透しなかった。もっとも、そうした特性を備えているかどうかを測る厳しいテストを課したならば、現在そのテストに合格できる国がはたしてどれくらいあることか。

いつの時代も、非道な指導者とその追随者は存在する。本書の執筆中にもボスニアで大量虐殺事件が発生し、多くの人がその惨状に対する自らの無力を思い知らされた。私たちはなぜ、こうした事件を非難しながら、自分には何もできないと思ってしまうのだろう。その理由の一つとして、私たちが、権力が乱用されている状況から遠く離れているために力が及ばないということがある。一方で、権力が乱用されている状況に身を置く人がその流れを変えようとすれば、権力者の怒りをかい、自らを危険にさらすことになる。つまり、現場から遠く離れた人間は嘆き悲しむことしかできず、現場に近い人間はしばしばその状況を野放しにして悪化させるのだ。

権力の乱用を阻止するには、距離の近さと勇気が鍵となる。私はこの二つの条件を念頭に置き、リーダーの身近にいるフォロワーのために本書を著した。対象とするのは、高い地位にあるリーダーの側近として働く人びとだが、ここに記した原則は、組織の規模や種類に関係なく、あらゆるレベルのリーダーの身近で働くフォロワーに適用することができる。リーダーに近い立場を利用するには、勇気が必要であることを強調したい。勇気さえあれば、私たちは迅速に行動して、リーダーの力を正しい方向に導くことができる。

普段から勇気を持ってリーダーと関わるようにしていれば、特別な勇気を示さなければならないときが来ても、心の準備ができているだろう。責任あるフォロワーシップの原則をあらゆるレベルに織り込むことによって、文化の生地はより丈夫になり、個々のリーダーが自分の猛々しい紋章を刻もうとして繰り返し攻撃してきても抵抗できるようになる。

この原則が当てはまるのは、特別な活動だけではない。若者のグループから職場、教会から軍隊、非営利組織から企業、地方議会から中央政府にいたるまで、社会のあらゆる組織のなかでリーダーとフォロワーの関係は形成され、強化されている。

一〇代のころ、私は自分が所属していた若者グループの強力なリーダーから、ひどい仕打ちを受けた経験がある。彼はそのグループを好き放題に支配し、暴言や性的虐待によってメンバーの心に傷を負わせた。その後、社会が理想主義的熱気に包まれていた一九六〇年代から人間潜在能力回復運動が盛んだった七〇年代を通じて、私は世界を変革しようとする熱心なグループに参加したが、やがてそのリーダーシップのあり様が、自分たちが変えようとしている社会のそれと大差ないことがわかり、とても落胆した。

現在私は、アメリカの上院議員や下院議員のコンサルタントを務めているが、議員の多くは、スタッフがリーダーシップについて忌憚のない意見を言える雰囲気を保つのに苦労しているようだ。全米屈指の大企業や連邦機関のコンサルタントも務めたが、そこでは上級管理職のささいな要求が重視され、品質改善に直結するはずの顧客はないがしろにされていた。

いかに有能なフォロワーであっても、不満を言うばかりでリーダーの成長を助けなければ、成功はおぼつかない。私自身はフォロワーとして勇気を持ち続け、リーダーと誠実な関係を築くよう努力している。たとえリーダーに欠点があろうとも、彼がその才能を発揮すべきときには必要な助言をするよう心がけている。

今となってみれば、かつて私が、広い視野を持つバランスのとれたリーダーを育てられなかったのは、人を見る目がなかったからではなく、私自身が勇気と能力に欠けていたせいだった。リーダーだけでなく、私も変化し成長する必要があったのだが、そうできなかったがゆえに、私はグループのほかの仲間とともに、リーダーシップを機能不全に陥らせてしまったのだ。

多くのフォロワーと同じく私もリーダーの役割を務めるときがあり、自分のリーダーシップのとり方にスタッフの参加と創造性を妨げるところがあれば、改善するよう努めている。それは簡単なことではない。ゆえになおさら、勇敢なフォロワーが巧妙かつ戦略的に私に意見し、組織により貢献するためにどう変わるべきかをわからせてくれたときには、一瞬たじろぎはするが、心からありがたく思う。

本書の構想を思いついたのは、M・スコット・ペックの『平気で嘘をつく人たち』を読んでいたときのことだった。ベトナムのミライで起きたアメリカ兵による恥ずべき大虐殺とその隠蔽工作に関する生々しい分析を読んで、私は無責任なフォロワーシップという問題を提起したいと思った。これがフォロワーシップを軸とした長年にわたる調査と理解をまとめる枠組みとなった。本書は、リーダーとフォロワーの関係に日常的な視点から深い関心を持ち、時間をかけて観察し、数々の文献を読み、考察した成果をまとめたものである。

本書に著したリーダーとの関係を変化させる方法はシンプルなものが多いが、読み進むうちに、自分や他人を変えることは生やさしいことではないとわかるだろう。フォロワーとリーダーの関係においては、思いやりを持ち、お互いを尊重し合うことが何よりも必要なのである。

どうか勇気を持って本書を読んでほしい。勇気ある読者になってほしい。もっとも、本書は単なるガイドブックであり、一つの情報源にすぎない。ここに書かれていることを機械的に真似することは避けてほしい。テーマの概要をつかむために、序章と第1章はどなたにもお読みいただきたいが、ほかの章がすべて読者の現在の状況に当てはまるとはかぎらない。本文の見出しを活用して、ご自身にとって重要な箇所を読むことをお勧めする。

本書は、リーダーやフォロワーの役割を務めた人びととの個人的な経験が土台になっている。具体的な事例を取り上げるために男女を特定しなければならない場合は、状況に応じて、どちらか一方の性を選んだり、両方組み合わせたりした。性差の問題は時として、リーダーとフォロワーの、それでなくても複雑な力関係をより複雑にする場合があることを認めざるを得ないが、本書でそれについて述べるつもりはない。

また、文化の違いから、提示した例がアメリカの中産階級以外にはあまり関係ない場合もあるが、私が探求している原則のいくつかが文化の境界を越え、世界に共通するより広範な状況に語りかけてくれることを願っている。

結局のところ、フォロワーとリーダーの関係の新しい基準を打ちたてるために必要な作業は、あなたとあなた自身の人生経験から始まる。私自身がそうしてきたように、皆さんにはご自分の人生を通じて、このテーマを探求してほしい。

ワシントンDCにて

アイラ・チャレフ

ザ・フォロワーシップ■目次

第3章◉リーダーに仕える　81

◉目次

第5章◉変革に関わる

第6章◉道義的な行動を起こす　215

ザ・フォロワーシップ

宮廷人たるもの、仕える王の心を自らの手でつかみ、気に入られるよう努めなければならない。そうすることによって、王の機嫌を損ねることなく、王が知るべきことをすべてありのまま告げられるようになり、実際、常にそうするだろう。さらに、王の心が誤った行動を選ぼうとしたときには、ためらわず異を唱え、これまでの忠誠によって得た寵愛を穏やかに役立て、いかなる悪にも染まらぬよう説得し、善へと導くことができるに違いない。

——ニッコロ・マキャヴェリと同時代を生きた、
バルダッサーレ・カスティリオーネ著『宮廷人』（一五一六年）より

序章◉強いリーダーを育てる力

リーダーとフォロワーは表裏一体

強力なリーダーと弱く従順なフォロワーという極端な構図を改めようとする動きは、多くの組織で始まっている。よく耳にする「リーダーシップの共有」という考え方をとれば、リーダーとフォロワーのあいだに生じがちな高い塀を少しは低くできるかもしれない。しかし、それですべてが解決するわけではない。「フォロワー」という言葉には多くの人が不快感を覚えるはずだが、だからといって、リーダーとフォロワーを隔てる境界線をなくすことはできない。

そうした状況で必要となるのは、精力的なリーダーシップを支え、そのバランスを保たせるフォロワーシップのモデルである。それはフォロワーの独自性を否定せず、前向きに受け入れようとするモデルであり、私たちはそれを通して、勇気、力、誠実さ、責任感、そして貢献の精神を発揮することができる。

本書は、フォロワーをこれまでとは異なる角度から観察し、その役割にリーダーと同等の重要性を認めることを提案する。能力のあるフォロワーの支援なしに、リーダーが長期にわたって、その力を賢明かつ効果的に行使することはできない。私たちがそれに気づいたとき、両者は対等になるだろう。近年、この見解を裏づける実例がいくつも見られる。

どれほどパートナーシップとエンパワーメント（権限委譲）がうたわれたとしても、最大の権限と責任を持っているのはリーダーである。企業のＣＥＯ、艦隊の艦長、政府機関の長、非営利組織の代表者、教区の司教のいずれをとってもみな、その地位に付随する権力を持ち、責任を負っている。

実際その立場になってみなければ、リーダーが受ける外圧を理解することはむずかしい。それは、給料を支払ったり、部隊を安全に指揮したり、自分を選挙で選んだ有権者の怒りに向き合って、初めてわかるものだ。加えて、組織の内側からかかる圧力もあるかもしれない。また、「自尊心の強さ」はリーダーを動かす原動力の一つだが、それは強くなりすぎると「自意識過剰」へと変貌し、リーダー自身を苦しめることになる。

フォロワーの巧みな支援があったとしても、こうした内外の重圧をうまく調整できなければ、リーダーの意思決定プロセスと組織メンバーの力関係は歪んでしまうおそれがある。こうした歪みはたいてい、リーダーをより独裁的な方向に進ませ、私たちが望むパートナーとしての関係から遠ざける。

では、どうすればフォロワーはリーダーを巧みに支え、そうした圧力を取りのぞくことができるのか。どうすれば、ただの「実行する人」ではなく、「創造する人」になれるのだろうか。どうすれば機能しないリーダーシップを批判するだけに終わらず、リーダーシップの育成に貢献できるのだろうか。

あらゆる人間の努力においてそうであるように、私たちの多くはそれらのいくつかをごく自然に実践している。しかし大半の人は、リーダーが失敗すると、それが熟慮した末の行動であってもなくても、自分の脇役としての立場にいらだちを覚えたことがあるはずだ。平等主義が高まっている現代では、「しょうがない、彼女がボスなんだから！」と安易な責任逃れをするわけにはいかない。フォロワーに責任を担わせない権威主義モデルはもはや過去のものとなったが、だからといって、フォロワーが新しい運営のあり方に慣れているわけでもない。

たいていの人は、状況によってリーダーにもフォロワーにもなりうる。私たちはあるレベルではこうした現状を理解し、全面的に受け入れている。当然ながら、リーダーだけで成り立つ世界は存在しないのだ。フォロワーを無視してリーダーについて考えるのは、生徒を無視して教師について考えるようなものだ。どちらも大切な存在である。表裏一体となって、一つの大きなまとまりを構成する要素である。教師と生徒は知識や技能を中心にしてまわる学習集団であり、リーダーとフォロワーは共通の目的を中心にしてまわる行動集団である。

フォロワーの責任

しかし、そうとわかっていても、私たちは別のレベルでは「フォロワー」という言葉に不快感を覚えるようだ。それは、この言葉に、従順、画一的、弱者、負け組などのイメージがつきまとうからだろう。しかし、実際はどれも当たっていない。そうしたイメージを早く払拭し、強力なリーダーを支える強力なフォロワーという発想になじめば、組織の力関係、自己責任、相乗的な協力についてのモデルをつくり、試してみることができる。

フォロワーが権限の委譲を望むならば、自分の役割とリーダーの役割の双方の責任を引き受けなければならない。そうすることによって初めて、組織と組織が仕える人びとに対する責任を引き受けることになる。この責任を全うするには、次にあげる三つのことが求められる。

一つは、自分自身の力とその使い方を理解することである。フォロワーには、自分が思っている以上に大きな力がある。その力の根源を理解するとともに、その力を誰のために使うかを考え、そして独自の視点から見て、自分は組織の任務遂行に役立つどのような道具を持っているかを知ることが大切である。

もう一つは、リーダーの真価を認め、リーダーがフォロワーの取り組みに重要な貢献をしていることを評価することである。リーダーの創造性やユーモア、その決断を鈍らせる圧力についても理解しなければならない。そして、そのような圧力を最小に抑え、リーダーが存分に力を発揮できるような環境をつくるにはどうすればよいかを学ばなければならない。そうすれば、リーダーは共通目的に対して、より多くの貢献ができるようになるだろう。

最後の一つは、リーダーシップという力の持つ誘惑と、そこに潜む落とし穴について理解することである。アクトン卿のよく知られた言葉がある。「権力は腐敗する。絶対権力は絶対に腐敗する」。この言葉を裏づける多くの事例を、私たちは数多く見聞きしてきた。しかし麻薬経験のない人が、麻薬には常習性があると頭ではわかっても、実際の程度はわからないのと同じで、私たちは権力の誘惑の恐ろしさがわかっていない。フォロワーは、権力の悪い副作用を打ち消す方法を学ばなければならない。

現在、世界ではさまざまな変化が起きており、フォロワーシップの新しいモデルをつくりあげる絶好のタイミングが到来している。かつて、中央集権的な組織が乱暴かつ無遠慮な方法で資源をかき集め、共通目的を追求した時代があった。ピラミッドをつくりたいならば、そのような組織はとても役立つだろう。線路を敷く場合も同じである。工場の組み立てラインで自動車をつくる場合も、いっときはこのやり方が機能していた。支配力のあるリーダーと従順なフォロワーの組み合わせによって、それらの仕事はうまくいっていたのだ。

しかし、情報化が進んだ現代の組織では、いくつもに分かれた部署が、流れ込んでくる多種多様な情報を組織の計画と目的に沿って処理し、迅速に対応している。そこでは、これまでとはまったく異なるリーダーとフォロワーの関係が必要となる。

さらに、洋の東西を問わず新しい社会契約の形が広がりつつある。大規模な組織において、もはや雇用の保証はない。医療保険も退職金積立制度も個人が自分で管理するようになりつつある。リーダーと組織は、もはや私たちの面倒を見てくれないのだ。温情主義は過去の話。これからは、自分の面倒は自分で見なさいということである。

しかし突きつめれば、これはフォロワーの解放でもある。ともすればリーダーとフォロワーの関係は親子のような関係になりがちだ。フォロワーがその関係に依存しているかぎり、リーダーと対等に接することはできない。

本書が示すフォロワーシップの新しいモデルは、フォロワーが自分とリーダーとの関係を見直す助けになるだろう。フォロワーシップのお手本として「勇敢なフォロワー」というイメージを選んだのは、勇敢さが、フォロワーの一般的なイメージの対極にあり、リーダーとの関係のバランスをとるうえで非常に重要だからである。

「勇敢なフォロワー」という考え方

勇敢なフォロワーシップは、勇気ある関係という土台の上に成り立つ。その勇気は正しい場合もあれば、まちがっている場合もあるだろうし、人によってその性質は違ってくる。私たちは一人ひとり、自分の目と体験を通して世界を見ている。したがって、その解釈も人によって違う。そして、人とのつながりにおいては、自分の解釈をどうにか信じつつ、ほかの人の解釈の正しさを尊重することを学んでいく。

リーダーとフォロワーの関係において危険なのは、リーダーの解釈が優先されるという思い込みである。リーダーかフォロワーのどちらかがそう思い込んでいると、両方が危険にさらされる。リーダーは、多様な意見を積極的に受け入れたり、他人を励ましたり、画期的な考え方をしたり、フォロワーの反論を受けて学んだりする機会をすべて失うことになり、一方のフォロワーは、独自の考え方と健全な意見の衝突をあきらめてしまう。その二つがなければ、創造性に富むプロセスを維持することも、革新的な展開を進めることも望めない。

リーダーシップの教科書には、リーダーは組織から不安を取り除き、権力を共有し、フィードバックを求め、スタッフを励まさなければならないと書いてある。リーダーがこうした主張を読んで何か感じるところがあれば、すでに変化する心の準備はできていると言えよう。一方、リーダーに変わろうとする意欲がなかったり、口先ばかりで実行しない場合はどうすればいいだろうか。そうした場合は、リーダーに代わって勇敢なフォロワーが変化を起こすべきであり、起こせるはずだ。

とはいえ、今日でもなお、フォロワーに対して、中央集権化された官僚制度を支える従順な存在になるよう教え込もうとする強力な社会化のメカニズムは広く存在する。学校や宗教団体、スポーツチーム、軍隊、大企業などでは、メンバーを威圧するような力は衰えつつあるが、今でもたいていの組織では、フォロワーはいかなる命令であっても、それに従うのは当然とされている。従わなければ、追放されるおそれが現実にあるのだ。

こうした条件づけは、すでに幼少期から始まっている。生きていくために親にすべてを依存していたその時期には、子どもは従わなかったらどうなるかわからないという大きな不安を経験する。私たちが所属する組織は、こうした不安の上に成り立ち、故意かどうかはわからないが、その不安をますます煽るので、結局フォロワーは、意に反して意気地のない人間になってしまうことが多い。

本書では、フォロワーの役割がどのようにつくられていくのかを分析し、その役割を変える方策を具体的に検討する。フォロワーは、リーダーに対してどんな態度をとるべきか。最終的に何に対して忠誠心を持つべきか。免職処分よりも悪い結果とは何か。組織のために必死で働くリーダーを支えるには、どんな力が必要か。組織が倫理に反する方向に進んでいるとき、フォロワーは状況を変えるうえでどんな力を持ち、どんな義務を負っているか。

今まで、こうした考察を支える文化的基盤はあまり多くなかった。巷でよく語られたのは、偉業を成し遂げたリーダーや、悪いリーダーに挑んで勝利をおさめた英雄的リーダーの話ばかりで、自分に忠実であり続けながら、正しいと信じる光のもとへリーダーを導く、ごく普通の人間を英雄視する風潮は見られなかった。リーダーを支える立場の「ナンバー2」がマスコミに取りあげられたり、それをテーマにした本がベストセラーになったりすることはほとんどなかった。組織の悪を告発した人の前途は暗く、助けてくれる仲間もまれで、たいていの場合、その人生は破綻した。

こうしたパターンに例外が見られるようになったのは、ごく最近である。リーダーとフォロワーが、互いにつながるための新しい関係を築き、大切にする時代が到来している。

まず初めに、リーダーとフォロワーの関係に働く力について考えてみよう。リーダーとフォロワーを結びつけているものは何か。その関係に働いている道義的、感情的、心理的な力は何か。また、その関係において、それぞれがどんな力を持っているか。その答えがわかったら、次は、フォロワーが自らのため、リーダーのため、組織のために、どうすればこれまでの関係を向上させることができるのか、そのモデルを示していこう。

勇敢なフォロワーがグループに影響を及ぼすプロセスには四つの勇気が求められ、さらに、リーダーの対応次第で、グループの内部または外部で力を発揮するもう一つの勇気が必要とされる。現在のフォロワーシップと、私たちが目指すフォロワーシップを比較するために、この勇気について一つずつ検討していこう。

勇敢なフォロワーに求められる五つの勇気

責任を担う勇気

勇敢なフォロワーは、自分自身と組織に対する責任を引き受ける。リーダーや組織に温情を期待しない。自分の保障や成長についてリーダーや組織をあてにせず、行動の許可も求めない。勇敢なフォロワーは、組織のなかで自分の可能性を十分に発揮し、自らの価値を最大限に活かす機会を見つけ、つくり出す。自らの価値観にもとづいた行動を起こし、組織の対外的な活動や内部の仕事を改善する。その行動を支えるのは、共通目的への理解と当事者としての責任、そして組織が仕える対象からの要求である。

役割を果たす勇気

勇敢なフォロワーは、リーダーを支えるために必要であれば困難な仕事もいとわず、さらにリーダーの負担を軽減して組織の役に立つために、今まで以上の責任を進んで引き受ける。リーダーの力不足をうまく補える領域を察知し、自分に任せてほしいと申し出る。リーダーが組織の目的達成のためにやむをえず辛い決断を下したときには、それを擁護する。彼らは共通目的を追求する情熱では、リーダーに負けない。

異議を申し立てる勇気

勇敢なフォロワーは、リーダーや組織の行動や方針が自分の道義的観念と食い違う場合、自分が感じる不安を言葉にする。リーダーや組織の行為を調査すべきときには、自ら立ちあがる。自らの考えを表明し、正しいと思えないことはきっぱりと拒絶し、対立をいとわない。自分が異議を申し立てることによって、リーダーや組織にどんな感情が湧き起ころうとも、進んでそれに対峙する。勇敢なフォロワーは組織の調和とリーダーとの関係を尊重するが、そのために共通目的と自分自身の誠実さを犠牲にするようなことはしない。

改革に関わる勇気

共通目的の追求を脅かす行為が改まらない場合、勇敢なフォロワーは改革の必要性に気づく。改革の必要性を擁護し、リーダーや組織と団結して本格的な困難に立ち向かう。なぜ自分が改革を求めているかをよく把握し、改革のプロセスに深く関わる。

良心に従って行動する勇気

勇敢なフォロワーは、リーダーと反対の態度をとるべきときを心得ている。高い価値観に従って行動し、上司の命令に従わなかったり、さらにその上の上司にその不当さを訴えたり、辞職を申し出たりすることもある。

いずれにしても、道義的な行動には個人的な危険が伴う。けれども、共通目的を果たすためには正しい行動であり、ときにはどうしても必要な行動である。道義的に好ましくない状況を改善しようとする取り組みが失敗したときには、フォロワーは告発者になるかどうかというさらにむずかしい選択を迫られ、自分と組織の両方をますます危険な状況に陥れる。

リーダーに求められる勇気

勇敢なフォロワーシップのモデルを検討したのち、本書の最後では、勇敢なフォロワーシップを支え、その行動に対応するリーダーの責任について述べる。

世界は、平等主義的な文化へと断続的に進化しつつある。リーダーシップとフォロワーシップも、その進化の途上にある。進化とは概してそういうものだが、今後どう変わっていくのかは予測しにくい。

皆さんは本書を読み進めていくうちに、そこに提示される行動や考え方に驚き、「そんなこと、できるわけがない！」と思うことが何度もあるだろう。リーダーのなかには、本書に提示した方法を非現実的と考える人もいるかもしれない。

しかし、今起こっている文化の変化を受け入れ、生き方を変えつつあるリーダーは、ここに提示されている方法に最初は驚いたとしても、その新しさを認めて歓迎するだろう。もっとも、本当に重要なのはフォロワーがどう行動するかであり、リーダーの反応は二の次である。そう考えるからこそ、本書はフォロワーの勇気に焦点を当てているのだ。リスクを伴わない気楽な言動について述べるつもりはない。

多くの人はこの先、「普通の」生活をしていくなかで、勇敢なフォロワーシップという新しいモデルを試したり、発展させたりする機会が十分にあるだろう。私たちは自分たちの組織が効率よく競争し、「従業員に優しい」企業になるよう促し、より機敏に機能するよう促すことができるだろう。

しかし、特別にむずかしい立場に追い込まれる人も出てくるかもしれない。リーダーが勇気をふるって和平交渉を進める手助けをすることになるかもしれないし、不正が発覚し、方向転換を迫られるかもしれない。あるいは組織のリーダーシップに影響を及ぼし、指針とすべき価値観の選択を迫ることになるかもしれない。私たちが強くなり、フォロワーシップの新しいモデルになじんでいれば、そのような重大な選択を迫られた場合も、そのモデルが進むべき道を教えてくれる。

取り組む対象が平凡なものであれ非凡なものであれ、フォロワーが直面する課題は大きい。本書は、その課題に対処する際に必要な洞察力と手段を勇敢なフォロワーに与えることを目指している。

第1章 ◉ リーダーとフォロワーの関係

遠慮も、へつらいも、ごまかしもない

かつて私は、優秀なリーダーのそばで働きたいと思いながら、いざそうなると、ひどく緊張して口ごもったり、会話をするというよりもご機嫌をとるようなことばかり言っていた。せっかくリーダーと互いに学び合い、意味のある関係を築く機会に恵まれたとしても、まるで生かしていなかった。

それでも「向上心」に燃えていたころは、社内のパーティで社長や重役と同じテーブルになるのを楽しみに待っていたものだ。その後、自分はそうした交流が苦手なことを発見し、あえて親密な関わりを持とうとはしなくなった。しかし同僚の一人は、人に媚びるようなタイプではなかったが、愛想がよく、機会があれば積極的に社長の隣に座った。彼は社長に自分を売り込むチャンスをみすみす逃すものがいるなどとは容易に信じなかった。しかし、そんな彼も私も、リーダーと親しく話をしただけでなんらかの影響を受け、ほかの人への振る舞いに変化が生じた。

私自身、自分がリーダーの立場にあるときに、誰の影響を受けやすいか、誰を無視したり軽視したりしがちか観察してみた。すると、地位の高低にかかわらず、私は自尊心の強い人から影響を受けやすいようだった。私はぶっきらぼうな態度をとることがあるが、そんなとき、自尊心の強い人は気にしないが、そうでない人はたいてい萎縮してしまった。

前者は、私にはそういう一面があることを客観的に見て、自分の不手際のせいで怒っているなどと深読みすることはなかった。また、自分の得意分野を心得ており、私の強みを認めて敬意をはらい、私の仕事を支えつつ、まちがった方向に向かっていると思ったら率直に意見してくれた。さらに、会社全体の目標と、そのためにチームが何をなすべきかについて、私と同じように強い関心があった。

この章では、フォロワーがリーダーと真の関係を築き、それを維持しようとするなかで直面する課題を検討する。「真の」とつけたのは、同じ人間として気持ちよく付き合える関係を目指しているからだ。真の関係には、遠慮も、へつらいも、ごまかしもない。リーダーとのあいだにそのような関係を築くことができれば、お互いへの敬意と誠実さを保ちながら、共通目的を目指して働くことができるだろう。

共通目的と基本的価値観

組織は、共通目的とリーダー、フォロワーという三つの要素からなっている。共通目的は私たちを結びつける究極の接着剤であり、私たちの行動に意味を与える。

■フォロワーとリーダーは、ともに目的を中心として、そのまわりをまわっている。つまり、フォロワーはリーダーのまわりをまわっているのではない。

たいていの場合、まず目的があって、私たちはそのまわりをまわっている。ときにはリーダーが目的を掲げて、そちらへフォロワーを導いたり、あるいはフォロワーがリーダーとともに目的を設定したり、再検討したりすることもある。目的があいまいだったり、意欲をそそるものでなかったりすると、リーダーもフォロワーも共通の利益を忘れ、自分の利益ばかり追うようになる。目的を明確にすることによって、組織の力はまとまり、やっかいな溝は解消され、さまざまな危険をうまくかわせるようになる。これは、強いリーダーシップと勇敢なフォロワーシップがあればこそ得られる貴重な成果である。

価値観を共有することも等しく重要である。基本的価値観をはっきりさせれば、目的はおのずと明らかになり、その達成に向けて、何をすべきか、何をすべきでないかがわかってくる。目的は、倫理的に正しいものであれば、リーダーとの関係をよい方向へ導いてくれる。しかし、その本質がまちがっていたり、倫理にもとるかたちで追求したりすると、道義的な指標とはなりえない。たとえば、「株主のために利益を上げる」という目的は正しい行動を導くが、「地域社会や環境への影響を無視してでも利益を上げる」というような目的は、行動の指針とするわけにはいかない。

正しい価値観を持って共通目的を追求することが、リーダーとフォロワーの健全な関係の要となる。

フォロワーシップの矛盾

私たちには責任がある。リーダーであれフォロワーであれ、自らの行動には責任があり、自らが影響を及ぼしうる人の行動についても責任がある。

社会的に重要な業績を成し遂げるには、常に組織としてさまざまな努力が求められるが、それには優れたリーダーシップとフォロワーシップが重要な役割を果たす。いずれも共通目的を追求するうえで欠くことのできない要素である。リーダーとフォロワーの関係では、力は上から下へ一方的に働くと考える人がいるが、それはまったくの誤解であって、フォロワーのほうからもリーダーに多大な影響を及ぼすことができる。

リーダーがフォロワーの行動や業績に責任を負うように、フォロワーもリーダーに対して責任がある。リーダーを支え、必要があればリーダーの行動を修正する手助けをしなければならない。リーダーがフォロワーを支え、その行動を修正するのと同じである。これがパートナーシップである。どちらも先を見越して行動することが求められる。フォロワーがリーダーとパートナー関係になれたら、暴君のようなリーダーはいなくなるだろう。

リーダーシップは本来、肩書きによるものではなく、組織のさまざまなポジションで発揮されるものである。しかし、最終的な責任と権限を伴う正式なリーダーシップとなると、たいていは選挙・任命・立候補によって選ばれた個人もしくは少数グループに委ねられる。そうしたリーダーは賢人かもしれないし、ひどく傲慢かもしれない。奉仕の精神にあふれた人かもしれないが、寄生虫のような輩かもしれない。先見の明がある人かもしれないが、単なる扇動家かもしれない。リーダーに限らず、誰でも強みと弱点をあわせ持っており、職場ではそのいずれかが強調されがちだ。リーダーの性格がどちらに傾くかは、フォロワーの資質と勇気に大きく左右される。

リーダーの強みをさらに伸ばし、弱点を調整することができれば、私たちはリーダーシップの原石を磨き、その輝きを最大限に引き出したことになる。もしリーダーの弱点を助長するならば、リーダーの性格のもろさが強調され、致命的な欠陥とさえなりうる。リーダーの側近を務めるフォロワーの責任は、特に重い。彼らが、リーダーの風格と人となりを築くといっても過言ではない。

勇敢なフォロワーシップは、次のように相反する要素に満ちている。

■勇敢なフォロワーは仕事のビジョンを明確に理解し、そのビジョンの実現方法を明確かつ具体的に述べるリーダーに引きつけられる。
■勇敢なフォロワーは自らの行動の全責任を負いつつ、場合によっては自分を捨ててリーダーの権限に身を委ねることができる。
■勇敢なフォロワーは、二つの相反する役割を果たすことが求められる。すなわち、リーダーのアイデアを実行することと、場合によってはそれに異を唱えることである。

■一人の人間のなかにあっても、組織の一員としての判断と、一個人として組織とそのリーダーに疑問を呈し、創造的な反対をするときの判断は、もともと対立するものである。
■フォロワーは、師たるリーダーから多くの恩恵を得ることも多く、きわめて重要なことを学ぶが、同時に自分の知っていることを進んでリーダーに教える姿勢も大切である。
■ときには、勇敢なフォロワーは陰からリーダーを導き、そのビジョンに生命を吹き込んだり、その人生にビジョンを与えたりしなければならない。
■ベテランのフォロワーは力量を持つ重要なリーダーであることが多く、彼らはリーダーシップとフォロワーシップの双方の見方を統合しなければならない。

「勇敢なフォロワー」という概念は、矛盾した表現だと思われる方もいるかもしれない。しかし、これを受け入れるならば、フォロワーは組織の信任を得た世話役として、リーダーとしっかり協力し合うことができる。

フォロワーは誰のために働くのか

「フォロワー」は「部下」と同義ではない。部下は上司の指示に従って動くが、上司の味方とはかぎらず、実際には敵かもしれないし、敵味方のどちらでもないかもしれない。一方、フォロワーはリーダーと目的を同じくし、組織が成し遂げようとしている目的の正当性を信じ、リーダーと組織の成功を願い、目的を達成すべく精力的に働く。

目的を達成しようとする組織にとって、フォロワーはリーダー同様、頼りになる世話役であり、その対象にはリーダーも含まれる。リーダーがフォロワーの世話をするのと同じくらい、フォロワーもあらゆる面でリーダーの世話をする。

フォロワーの役割の遂行には、次のようにいくつものレベルがある。

■最も高いレベルでは、フォロワーは組織の存在目的、すなわち、組織メンバー、取引先、債権者、顧客、地域社会のために働く。それらは、組織の行動の結果から利益を得るので、一般に「ステークホルダー（利害関係者）」と呼ばれる。

■その下のレベルでは、フォロワーは自分の役割だけを考え、組織の利害関係者とリーダーの利害が衝突しないように働く。

■さらに下のレベルでは、フォロワーはリーダーと自分のために働き、利害関係者のことは念頭にない。その場合、目先の利益は得られるかもしれないが、組織の失敗の種を蒔くおそれがある。

■最も低いレベルでは、フォロワーはリーダーのために働きはするが、そのリーダーが不正を働いて組織や利害関係者に害を及ぼすのを許し、自分もその不正に加担する。

リーダーや利害関係者のためではなく、自分のためだけに働くとしたら、それはフォロワーではない。組織のエネルギーを吸いとって、自らの目的のために使おうとする利己主義者である。

フォロワーの忠誠心

かつて、生涯にわたる主従関係が当たり前だった時代には、忠誠心は、一族の長か、領主、あるいは雇用主に無条件に向けられていた。絶対的な忠誠心が道義的な危険を伴うことは言うまでもない。しかしながら、現代の人間関係は常に変化しており、したがって忠誠心もあいまいになり、忠誠を誓うべき相手も、そうすべき理由もわかりにくくなっている。絶対的な忠誠を強いていた文化的圧力から解放されたことで、私たちは自分自身の核となっている価値観や倫理観にもとづいて選択できるようになった。

今や忠誠心は、自分を表現する行為となっている。自分をその対象とすることも可能であり、困難を乗り越えようとするときには、それが大きな力となる。しかし、自分以外の何ものにも忠誠心を持たないようになると、自分の利益だけを追い求め、人に迷惑をかけても平気な人間になってしまう。

部署を頻繁に変わる場合、リーダーもフォロワーも忠誠心を注ぐ共通の対象を見つけることが肝要となる。そうすれば、変わりやすい人間関係を超えて信頼を築き、絆を深められる。今日の企業において、ビジョン、バリュー・ステートメント（価値観）、ミッション・ステートメント（使命）が強調される所以である。それらは明確に表現されることによって、リーダーとフォロワーが利害関係者に誓うべき忠誠心を定義している。

バリュー・ステートメントは、公正、品質、誠実、貢献、共通目的などに関わる忠誠心を喚起する。正しい価値観にもとづくそのような忠誠心があれば、盲目的な忠誠に陥ることなく、発展的な一歩を踏み出すことができるだろう。リーダーもフォロワーも、それぞれの価値観が許す範囲で共通目的を追求するという契約を結ぶことになる。そのとき両者は自らの忠誠心をその目的に向け、それを達成すべく互いに助け合うようになる。

リーダーシップとフォロワーシップが、どちらもスチュワードシップ（世話役としての責任と奉仕の精神）に満ちていれば、忠誠心は組織の目的と利害関係者に正しく向けられることになる。利害関係者には、組織の行動によって影響を受ける原則や人間、環境が含まれる。正しい忠誠心がどういうものであるかが理解できていれば、リーダーが示す行動計画に賛成すべきか反対すべきかは、自ずとわかってくる。

フォロワーの力の源泉

リーダーシップのかたちは、「階層的なもの」から「共有するもの」まで組織によってさまざまあるが、リーダーとフォロワーには常に応分の力が与えられている。リーダーシップが共有されている場合、一つの派閥がほかのすべての派閥を支配している場合もあるが、リーダーとフォロワーの力のバランスはとれている。一方、独裁的な階層組織では、フォロワーがトップを退陣させて権力を要求するような事態にいたらないかぎり、権力はトップ一人にほぼ集中しているように見える。

このようにリーダーに力が集中しているように見える状況はとても危険である。フォロワーは、リーダーの気まぐれで身を滅ぼすかもしれないし、リーダーにとっては、フォロワーがゴマをするようになるおそれがあるからである。お追従を言う人は過去の経験に頼りがちで、自分で観察したり考えたりせず、適切な行動がとれないことも多い。そのようなフォロワーの存在は、リーダーにとっても組織にとっても大きなマイナスである。

フォロワーにはリーダーのような正式な権限がないため、積極的に人と関わることを学ばなければならない。しかし、自分で思っている以上に大きな力を持っていながら、それをうまく発揮できていない場合もある。自分の力を理解し、その使い方を知ることはきわめて重要である。力を維持し強化するためには、まずそれを使わなければならない。さもなければ、力は衰えてしまう。

以下のように、フォロワーの力の源泉はさまざまである。

- 目的がもたらす力、すなわち、共通の利益を実らせるという決意から生まれる力
- 知識がもたらす力、すなわち、組織とそのリーダーが、かけがえのないものとして重んじ所有している技術と資源
- 経歴がもたらす力、すなわち、リーダーと組織に貢献し、成果をあげてきた実績

■自分への信頼がもたらす力、すなわち、自らの観察力、意志、誠実さ、決意に対する自信
■真実を話す力、すなわち、これまで述べてきたように、特にリーダーに対して真実を伝える力
■基準を設定して人に影響を与える力、すなわち、リーダーとグループメンバーのために価値と行動の基準を設定する能力
■他人の行動や脅威をものともせず、状況判断する力
■与えられた指示に従うか否かを決める力
■人間関係がもたらす力、すなわち、自分を知っていて信頼してくれる人とのネットワークの力
■さまざまな経路でコミュニケーションをとる力
■同じ考えの人と団結する力
■自分たちの価値観を傷つけるリーダーを支持しない力

リーダーと効果的なパートナー関係を築くには、自分にはリーダーの力の反映ではなく、フォロワーとしての独自の力が備わっていることを自覚することが大切である。

フォロワーの価値

フォロワーは弱者の集団ではない。フォロワーがいて初めてリーダーは存在し、強くなれる。精力的なフォロワーは、リーダーのビジョンのなかに自らの目標を見出し、リーダーの励まし

を得て、その目標に向かっていく。彼らは一一〇パーセントの結果を出すが、それは決してリーダーに「命じられたから」ではなく、自らの発奮によるものである。原動力は自分のなかにある。リーダーとは相互に助け合う関係を築き、一方的に依存することはない。そのような関係を通して、自分とリーダーの価値をともに高めていく。

フォロワーの価値は、リーダーと組織がその価値観という脈絡のなかで共通の目的を追求することを、いかに完璧に手助けするかによって決まる。それをうまく実行できるフォロワーには、次のように共通した特色がある。

■能力のあるフォロワーは穏やかに協力することができる。この資質は人間の進歩にとって必須のものである。

■信頼されるフォロワーは、自分の個人的な要求を共同の責任にうまく組み入れ、リーダーと張り合うことなく、リーダーのために働く。

■バランスのとれたフォロワーは、うぬぼれの強いリーダーを助長せず、リーダーシップの危険な落とし穴を事前に警告する。

■気配りができるフォロワーは、リーダーとグループメンバーのニーズをともに見抜き、その橋渡しをしようとする。

フォロワーは、組織が仕えるべき存在に対して、勇気を持って忠実に仕えるかぎり、自らの価値を維持することができる。しかし、リーダーの行動が利害関係者の利益と衝突するときにリーダーに従ったり、あるいは、利害関係者の要求が倫理観と衝突するときに利害関係者に従ったりすると、フォロワーの価値は大いに下がる。

フォロワーの勇気

勇気があれば、人間関係の力のバランスは調整できる。地位が対等でなくても、真実をありのままに述べ、誠実に行動できる人は一目置かれる。

勇気には危険が伴う。そもそも危険がなければ、勇気は必要ないのだ。もちろん人生は危険に満ちており、私たちはできるだけ危険を避けて人生を築こうとするものだが、勇気を発揮するには、短期的ではあっても、意識的に危険と向き合うことが求められる。

司祭は、自分の管区内で不徳の行為が隠蔽されていたら、進んで主教に報告しなければならない。知事の側近は、政策によって深刻な問題が生じていたら、進んで知事に報告しなければならない。中間管理職は、製品や顧客サービスが見かけだおしで、企業の信用を傷つけていたら、進んで上級管理職に報告しなければならない。

何も言わないほうが安全だと思えるかもしれないが、率直に本音を語り合うことがなくなれば、リーダーとフォロワーの関係は活気のないものになってしまう。フォロワーには、好奇心旺盛な子どものように、恐れずに質問を繰り返す勇気が必要とされ、同時に、家族に対する責任を負う大人としての勇気も必要とされる。より高い理念を貫くために家族の安全を危険にさらすこともあるからだ。これはとても重要な問題であって、そこまでの覚悟がなければ、真実を口にすることはできない。予測される結果に怖気づくことなく真実を話し、誠実に行動する勇気は、どうすれば引き出せるのだろうか。

現実的な話として、自分の生活がリーダーとの関係にかかっている場合、その寵愛を失ったときのために万全の備えをしておいたほうがいい。新たな就職先、一年間働かなくても生活できるだけの預金、配偶者やパートナーの収入といった安全策を講じておけば、勇気が得られ、不安は軽減される。リーダーと衝突してキャリアが危険にさらされても、ほかの仕事への道が見えていれば、悲惨な結末を免れることができる。解雇された場合の用意ができていれば、口をつぐまなくて済むのだ。

もっと深いレベルで分析すれば、私たちの勇気は、以下のようにさまざまなものからもたらされることがわかる。

■信仰心
■哲学
■手本となる人物
■未来への展望
■過去の経験から生まれた誓い

■過去に自分が試された出来事
■信念
■価値観
■人への思いやり
■自尊心
■仲間への責任感
■不正に対する憤り

自分の勇気がどこから来るのか、その源がはっきりしていれば、自分の行動の結果を受け入れる覚悟ができる。勇気を持って行動するために、恐怖心を取り払うのは無理だとしても、勇気の源との関係において恐怖は経験しておいたほうがいい。もしあなたが、本当に危険だと思う状況を経験したことがあれば、恐怖によって生まれる感情のエネルギーの激しさを知っているだろう。そうした恐怖がもたらすエネルギーを抑え、「乗り越える」のも一つの方法である。

しかし、おそらくもっと効果的な方法は、恐怖を最大限まで募らせ、それを感じとり、その恐怖に込められたエネルギーを自らの信条と目的の実現に向けることである。信条と目的がはっきりしていれば、激しく熱い思いが自分の内部からたぎってくるはずだ。

成功するためには、何度か失敗を繰り返さなければならないかもしれない。初めて力を行使するときには、いくら覚悟を決めて身構えていても、意外なほどたじろいだり、こわばったりするものだ。そうなった場合は、とりあえずその場から逃れ、ふたたび立ちむかう準備を整えたほうが賢明かもしれない。

勇気は筋肉と同じで、使うほど鍛えられる。リスクが小さいときに鍛えておけば、大きなリスクも乗り越えられるようになる。結局のところ、勇気を育てる公式などない。決断し、実践し、失敗しても自分を許し、学び成長することを繰り返しながら鍛えられるものなのだ。

人間関係のバランス

最も必要で役に立つ資質は、状況によって違ってくる。勇気、交渉力、一貫性、断固たる態度はいずれも大事な美徳だが、どんな美徳も極端すぎたり、まちがった状況で使ったりすると、悪徳にもなりうる。勇気は無謀さになり、交渉力は妥協に、一貫性は融通のなさに、断固たる態度は強情さになってしまうのだ。

リーダーは権力を握ると、自分に成功をもたらした自らの資質に自信を持ち、さらにそれを強め、過度に頼るようになるかもしれない。その資質を褒める言葉ばかり聞いていると、ますます増長し、ついには機能不全に陥りかねない。また、リーダーの力が小さなうちはささいな弱みだったものが、力を得るにつれて大きな弱みに変貌することもある。いずれにしても、リーダーの才能を左右するのは、強みではなく弱みのほうである。

精力的なリーダーは、組織の行動に火をつける火花や炎のような存在であり、ビジョンを持って組織の力を生み出させ、一点に結集させていく。フォロワーには、その力が有効に使われているかどうかを確かめる責任がある。精力的なリーダーは力をうまく使っているかもしれないが、それほど当てにはできない。元来、情熱的かつ野心的で勢いがあるため、行きすぎの傾向があるからだ。取引の規模を広げすぎたり、収益を気にしすぎたり、大義名分を強調しすぎたり、イメージが単純すぎたり、生活が贅沢すぎたり、敵が多すぎたり、目標が高すぎたりといったぐあいだ。こうしたリーダーに立ち向かう勇気があれば、バランスを整える見込みはある。

バランスをとるということは、この世界の本質である自分と他者という二つの存在をうまくつなげることである。純粋なつながりは、過度の負担には耐えられず、傷つき、崩壊してしまう。リーダーの人間的なバランスを決めるのは、フォロワーとのつながりの質である。誠実でオープンな人間関係を築けば、率直な意見が耳に届くだろう。リーダーはそうした意見に耳を傾けて初めて、自分の言動や方針や戦略を正しく理解し、調整することができる。

リーダーとオープンで直接的なつながりを築くために勇気が必要なのは、次のような未知なる要素があるからだ。

■このリーダーは、人とどれくらいオープンな関係を築きたいのか?
■私は自分自身についてどれくらいオープンになれるか?
■私はリーダーの心情を読みとれるだろうか?

■リーダーは人の意見にどう反応するだろうか？
■何か気になることがある場合、自分の気にしすぎなのか、それとも、はっきりリーダーに伝えるべき問題なのかが、どうすればわかるか？
■リーダーのために働いて見返りを得た後、リーダーを見る目に欲得のフィルターがかかっていないか、どうすれば確かめられるか？

率直な意見を言うことによって、これまで築いてきたリーダーとの関係を危うくしたくないと思うかもしれないが、そうなると今度は、リーダーとともに目指してきた夢をそっくり失う危険性が出てくる。私たちはリーダーを醒めた目で見るようになるだろうし、リーダーは自分の行動の影響を直視しなくなるだろう。

人と人とのつながりに欠かせない要素が二つある。一つは信頼を築くこと、もう一つはその信頼を生かして適切なときに率直に話ができることである。どちらも欠かせない。勇敢なフォロワーが立ち向かわなければならない課題は、リーダーと純粋なつながりを維持することであり、お世辞まみれの見せかけの関係を築くことではない。

成熟した人間関係

妙な話かもしれないが、フォロワーが直面することの多い課題の一つは、リーダーが忍耐を養い、良識を身につけ、ある意味、成熟するのを手伝うことである。人は誰しも努力して成長しようとする。そうすることによって、世界は自分のために存在するわけではないこと、他人は自分とは意見が異なるもので、それでも大丈夫なのだということを受け入れていく。私たちの多くはこうしたことを世間から教わり、たとえ若いときの自己中心的な人生観を引きずっていたとしても、やがてそれに対処する方法を身につけていく。

しかし、技術を磨いた結果であれ成りゆきからであれ、リーダーの地位につくと、昔の自己中心的な衝動がふたたび頭をもたげてくる。こうした衝動が起こりがちなリーダーが、お追従ばかり言うフォロワーに囲まれていると、完全に改まっていなかった未熟さが、やがてその心を支配するようになる。

リーダーの性格の未熟な部分が目立つようになってくると、フォロワーは、ある面は優秀で立派でありながら、別の面ではだだっ子のようなリーダーの下で働くというむずかしい立場に立たされる。リーダーの成熟した部分と未熟な部分の矛盾に直面したフォロワーの困惑と葛藤は軽視できるものではない。その結果、「いくら優秀だといっても、ときどき誰の手にも負えなくなるこのリーダーを、私は支える必要があるのだろうか?」という疑念が生じてくる。

しかし自分は、リーダーが組織のために成熟したスキルや判断力を発揮するのを支えるだけでなく、リーダーの未熟な言動に異を唱えることもできると思えれば、それほど悩まずにすむのではないだろうか。私たちの言動が組織の秩序を乱しているなら、リーダーは私たちに注意すべきだし、同様に、リーダーの問題行動が目に余るようなら、こちらもタブーを破ってリーダーに苦言を呈さなければならない。

　そのタブーが破りづらいのは、幼いころからリーダーに関する条件づけがなされているからである。家庭や学校でのリーダーたる存在は私たちの言動に責任を負っていたが、私たちが彼らの言動に責任を負うことはなかった。子ども時代のこの条件づけがあまりに強いので、大半の人は、通常の関係からさらに踏み込んで、理不尽な言動についてリーダーと対峙するためには多大な勇気を必要とする。

　人間関係のほかの多くの側面がそうであるように、未熟さを露呈したリーダーの扱いに苦労するのは、自分自身が成熟できていないせいでもある。私たちは無力感ゆえに、リーダーの言動に対してなんらかの手を打つかわりに、ほかの人に延々と愚痴をこぼしてしまう。しかし、本人に問題をぶつけて互いの成長を図ろうとせず、子どもじみた愚痴をこぼしているだけでは、リーダーや組織のためにはならない。

　勇敢なフォロワーは、パワフルなリーダーの未熟な言動について忠告することができる。それは、弾の入った銃を手にした幼い子どもと向き合う状況に似ていて、銃を置くよう諭している最中に撃たれるおそれもある。リーダーを完成された大人として敬い、自尊心を大切にしながら、未熟な言動に異を唱えるには、フォロワーとしての熟練した腕が求められる。

地位の違い

大きな地位の差を乗り越えることは、リーダーとの真の関係を築く際の課題となることがある。リーダーの側近として働いていたとしても、相対的な立場や地位の違いから深い溝が生じることもある。地位の格差をもたらす原因は、次のようにさまざまである。

■リーダーは選ばれた人で、フォロワーは雇われた人である。
■リーダーが組織の創設者である。
■リーダーが会社の所有者である。
■リーダーがかなり年長で、ずっと高い地位にいる。
■リーダーには幹部の肩書きがある。
■リーダーは裕福である。
■リーダーは組織に多大な貢献を果たしている。
■リーダーは世間から天才、英雄、名士と評されている。

こうした条件が当てはまると、私たちは「こんな人を相手に偉そうな口はきけない」と思ってしまい、自分が感じたり思ったりしたことを軽視しがちになる。こうした反射的な反応に油断なく気を配り、本当にそうなのかと自問しなければならない。もしそれが人間関係の前提であれば、私たちは自分もリーダーも見捨てることになる。

リーダーシップの卓越した研究家で教師でもあるウォーレン・ベニスによると、フォロワーの七〇パーセントは、リーダーが過ちを犯しそうだとわかっていても、それに異を唱えようとはしないそうだ。高い地位にいるリーダーには世間一般の現実が見えにくい。これは「王様症候群」と呼ばれ、したがってリーダーは、フォロワーの認識を通じて周囲の実態を把握することになる。

自分の見解に価値があることがわかったら、地位の差に遠慮していないで、その考えを伝えなければならない。「地位が高い」リーダーに率直に話をするのはおこがましいことではなく、勇敢なフォロワーならば、ぜひともそうすべきだ。

リーダーと対等であると自覚する

リーダーの目を真正面から見て、言いにくい意見やまったく異なる意見をはっきり伝えるには、自分は相手と対等だという意識が必要である。フォロワーは、肩書きなど外から見える評価ではとてもリーダーと対等とは言えないが、知性やモラル、精神面では対等であるはずだ。

それはどうすれば自覚できるだろうか。

人間性の本質はみな同じだということを忘れず、自らの人間性に語りかけていれば、高い地位という表面的なものに魅せられたり、目がくらんだり、怖気づいたりせずにすむ。秘書だろうとボスだろうと社長だろうと皇帝だろうと、私たちも、私たちが支えるリーダーも、肩書きと本質は別物である。どちらも天分と不足、不安と夢、強さと弱さを兼ね備えて人生を生きている。リーダーとフォロワーが人間性の本質を忘れなければ、相手を軽蔑したり、恐れたりせず、互いに尊敬の念を持って付き合うことができる。

まず、権力を持つ人を前にしたときの自分の行動をじっくり観察しなければならない。必要以上に相手の顔色を見て話したり行動したりしていたら、それは相手ではなく、その肩書きを意識している証拠だ。自分がリーダーに少しでも媚びへつらっていることに気づいたら、肩書きやうわべの装飾や権力ではなく、内側にある人物そのものを見る努力をしなければならない。その特別な役割以外の部分で、リーダーはいったいどんな人なのか、それを見るのだ。

■出身はどこか?
■大切にしているものは何か?
■プライベートの顔は仕事の顔と違うか?
■自分が周囲に支えられていると思っているか、それとも孤独だと思っているか?
■本当に自信家なのか、それとも自信がないのを隠しているだけなのか?
■冗談は通じるか?
■高い理想や力に仕えているという意識を持っているか?

■私たちはリーダーのことを親や息子や配偶者のように思えるか？
■これまでにどんな失敗や悲劇を経験したか？
■恐れているのは何か？
■目標は何か？

リーダーが内面を明かさないこともあるので、この質問すべての答えを得ることはできないかもしれない。しかし、大切なのは答えの中身ではなく、フォロワーがリーダーの人間性に触れられるかどうかということだ。必要なのはリーダーの神話をはがし、その姿全体を見て、その痛みと喜びを理解し、一人の人間として話ができるようになることである。「運命をともにしてきた仲間のために、何をしてあげられるか？」と抵抗なく自問できるようにならなければならない。その問いに答えられたとき、自分にはリーダーとの関係に利益をもたらす力があると思えるようになり、立場が対等であることに気づくのだ。

リーダーと対等でない場合

リーダーにその地位にふさわしい能力がない場合、つまり、ある意味でリーダーがフォロワーより劣っている場合には、また別の課題が生じてくる。次のように、そのようなリーダーが生まれる背景は多い。

■組織の政策
■差別
■価値観と方針の多様性
■交代制の職務
■年功序列
■同族経営
■選挙
■任命
■世間の高い注目度
■縁故
■人付き合いの良さと魅力

組織で最も有能な者がリーダーではない場合、フォロワーはいくつかの課題に直面する。いちばん大変なのは、自分の気持ちと折り合いをつけることだ。自分より頭が鈍く、組織が置かれている状況を迅速に正しく把握することができない人に仕えるのは嫌なものだ。彼らの地位におじけづくどころか、軽蔑を隠すのが精一杯かもしれない。

また、リーダーの無能ぶりを隠すべきか、それとも公にすべきかを決めなければならない状況に追い込まれたり、それがもとで自尊心の衝突や倫理上の混乱が起きたりもするだろう。

リーダーが力不足だと、往々にしてフォロワーの仕事量は増える。本来リーダーがやるべき仕事をかぶるだけでなく、リーダーに連絡するためのメモや要約の作成にも時間がとられるからだ。しかしそれにもかかわらず、給料や評価はリーダーよりずっと低い。これでは怒りが募るのも当然である。

この状況で厄介なのは、依然としてフォロワーは組織に尽くすという基本原則を守らなければならないということだ。自分の気持ちと苛立ちを自覚することは大切だが、それでも共通目的を果たそうというのなら、そのリーダーの下で働くという状況は変わらない。だとすれば、自分の才能や能力を活用して、リーダーの成長と成功を助ける以外に道はない。たとえリーダーが無能であったとしても、彼なりにその務めに全力を注いでいるのであれば、フォロワーが公私ともに支えるのは当たり前だ。それに、優秀でないリーダーから学ぶことは驚くほど多い。

場合によっては、本来は優秀なリーダーが、たまたまあまり経験のない仕事を任されたということもある。たとえば新人の国会議員がいくら偉大な展望を抱いていたとしても、可決されやすい法案をつくるのはむずかしいだろう。そんなときは経験豊かな補佐官が、問題や政策の微妙な調整、あるいは政策策定の複雑な手続きを指導する必要がある。そうするうちに、やがてその若手議員は問題解決のプロセスを習得していくだろう。

優秀なリーダーかどうかは、フォロワーの成長ぶりを見ればわかる。そして優秀なフォロワーかどうかは、リーダーの成長ぶりによってわかる。

信頼

リーダーシップに関するいくつかの調査によると、リーダーを評価する際にフォロワーが最も重視するのは「トラスト（信頼性）」だそうだ。逆にリーダーがフォロワーを評価する際に最も重視するのも信頼だが、フォロワーの場合、それは、「リライアビリティ（頼りになること）」と表現されることが多い。「頼りになる」フォロワーとなるには、信頼性と能力が必要で、リーダーはその有無を経験によって知るほかない。能力はもちろん大切だが、フォロワーの動機となっているのが、リーダーや組織を支えたいと思う気持ちではなく個人的な目的であれば、フォロワーの能力の高さはリーダーにとってむしろ脅威になる。

フォロワーがリーダーと組織のために働いて影響を及ぼそうとするとき、信頼はリーダーとフォロワーの関係の核となるが、その意味はあいまいになりがちだ。信頼はどうすれば得られるだろうか。

■信頼とは、二人の人が、お互いの内なる動機と外に現れる行動を評価し合って形成される微妙な状態である。動機と行動のどちらかに問題があれば、信頼は成り立たない。

■信頼を確固たるものにするのは、相手の言動や判断力である。

■信頼を得るには、どんな労もいとわず約束を守らなければならない。もし守れない場合は、できるだけ早くそれを伝える必要がある。

■信頼を維持するには、外部のシグナルと内なる声によく耳を傾けなければならない。どちらも、誤った判断に従って行動しないよう、そっと警告してくれる。

人と人との信頼は、なんらかの出来事やそれをどう理解するかによって、あっという間に不安定で流動的なものになってしまう。嵐の接近を予感するように、信頼関係に変化が生じつつあることを、具体的な言葉や行動に先立って察知することがよくある。信頼が弱まっているように感じられたら、懸命に努力して理由を突きとめなければならない。信頼は人間関係の基盤であるからだ。ときには自分の行為が誤解され、信頼が揺らいでしまうこともある。そんな場合は、どんな苦労をしても状況をはっきりさせ、あらゆる手を尽くして疑いを晴らさなければならない。

しかし、誤った判断などによって実際に信頼を壊してしまったときに、とっさに自分を正当化しようとすると、人間関係は破綻してしまうおそれがある。自分の非を素直に認め、傷を深くしないためにできるかぎりのことをすれば、信頼回復のきっかけが得られる。

信頼が弱まった本当の理由を突きとめたものの、それを回復するには長い時間をかけて多大な貢献をしなければならないと知って、愕然とすることもあるかもしれない。共通目的を達成しようとする強い情熱があれば、そのような難局も乗り越えられるだろう。

リーダーとしてのフォロワー

ときと場合によって、私たちは皆、フォロワーかリーダーのどちらかになる。人を指導する方法を学ぶには、有能なリーダーのそばで働くのがいちばんだ。しかし、自分のリーダーが良い手本であってもなくても、勇敢なフォロワーであろうと努力することによって、勇敢なリーダーになる準備をすることができる。

階層システムでは、私たちは他人に従うと同時に、他人を指導するよう求められることが多い。フォロワーとリーダーの二重の役割を経験するうちに多くを学び、どちらの役割もうまく果たせるようになる。誰に対しても分け隔てなく対応しながら、両方の役割を自在に行き来するにはコツがいる。

■リーダーへの対応に気をつけることによって、自分がフォロワーに及ぼす影響に対して敏感になる。

■フォロワーへの対応に気を配ることによって、リーダーへのサポートの仕方に敏感になる。

フォロワーに模範的なリーダーシップを示すことによって、自分のリーダーに影響を与えられることも多い。リーダーは私たちを観察し、うまくいったやり方を模倣しようとする。私たちが彼らの成功を模倣するのと同じだ。しかし、リーダーに影響を与えることができなくても、リーダーとの不幸な関係を学びの機会へと変えることはできる。リーダーのどのような対応がフォロワーの意欲をそぐかがわかると、自分はそうしたまちがいを犯さないという心構えができるからだ。

リーダーをうまく支えるために、しばしば自分を支えるものをつくる必要が出てくる。つまり、任務を部分的にまかせられるチームである。しかし、そのチームが目を引くほど優秀だった場合には、権力の拡張を企てていると見なされるおそれがある。リーダーはこちらの見事な手腕を高く評価する半面、脅威を感じるかもしれない。その際、重要なのはこちらの目的であり、純粋に組織と利害関係者のために働いているのであれば、チームの優秀さに乗じてリーダーの裏をかいたり、策略をめぐらしたりはしないはずだ。またチームメンバーも、自分たちは共通目的のために働いているのであって、自分たちのために働いているのではないとわかっているだろう。

リーダーとフォロワーが繰りひろげるダンスでは、途中でパートナーや役割が交代する。新しいパートナーと組むときは、相手の動きにうまく合わせ、足を踏まないよう気をつけなければならない。私たちがリードする側だったらリードし、そうでなければ相手に従う。いずれの場合も強力なパートナーであるべきだ。スタイルやテンポをさまざまに変えて、常に相手と学び合い、優雅さに磨きをかけていこう。

ほかのフォロワーとの関係

リーダーとフォロワーの関係を分析するときは、その力関係が一対一の関係よりずっと複雑であることを心に留めておこう。リーダーのまわりには、少なくとも数人のフォロワーがおり、フォロワー同士の関係は組織に重大な影響を及ぼす。組織メンバー同士の信頼は、リーダーとフォロワーの信頼と同じくらい大切である。

家族の人間関係と同じく、そこにはいくつもの問題が生じる。同盟関係とその変化、えこひいきとそう思われること、生まれた順番や性による扱いの差、愛情の奪い合い、スタイルの違いと不愉快な比較、限られた資源といった問題である。それらをうまく解決できれば、組織は相違と共通性の両方を強みにできるだろう。

こうした組織の人間関係には、フォロワーが気をつけておくべき大きな要因が少なくとも二つある。一つはフォロワー同士の関わり方であり、もう一つは、フォロワーが集団として、どうリーダーと関わるかである。

フォロワーは、互いに次のような関わりを持つ。

■各メンバーの個人的要求に気を配っていれば団結力が高まり、厄介な対立を招くことはない。

■一人ひとりの違いをよく理解すれば、それを生かして共通目的を追求できる。

■個人の境界を尊重すれば、同意を得たうえでその境界を越えることができ、縄張り争いが避けられる。
■横のつながりを強化して協力し合えば、職務を達成できる。
■自分の地位に固執せず、ほかのフォロワーとともに創意工夫をこらして課題に臨めば、組織にシナジーをもたらすことができる。
■内部分裂を起こしそうになったら、自分たちが何のために働いているのかを思い出せば、意見が一致する点が見つかる。
■競争が必要な場合は、お互いの足を引っぱり合うのではなく、共通目的の実現に向けて競い合うようにする。
■状況が許せば、互いに積極的に導いたり従ったりすることで、能力にもとづくリーダーシップを発揮できる。

集団としてのフォロワーとリーダーとの関わり方については、次のとおりだ。

■同僚を犠牲にしてリーダーに取り入ろうとするフォロワーは、グループの力関係を崩壊させる原因となる。
■リーダーに助言する場合、同僚の立場についても公平に説明すれば、同僚とリーダーの両方から信頼が得られる。

■フォロワーがフォロワー同士の問題をリーダーに持ちかければ、リーダーに余計な負担をかけ、性急で思慮に欠ける対応を招くことになる。

■リーダーがフォロワー同士を競わせようとした場合は、リーダーに気に入られたいという気持ちをはねのけ、結束してそのような力関係を変化させる。

■リーダーに対して同僚が勇気ある行動に出たときは、その同僚を支えて孤立させないようにする。

優秀なフォロワーは、リーダー直属グループの複雑な力関係の変化を敏感に察知する。今、ダンスは陽気なステップに変わった。これからは、輪のなかでくるくるとポジションを変えていくパートナー全員に注意を向けよう。

第2章 ◉ 責任を負う

自分に対する責任

私がリーダーたちから最もよく聞く不満は、スタッフは組織に対してもっと責任を感じ、自分で考え行動してほしいというものだ。スタッフがそうしないのは、たいていリーダーのやり方や組織の文化に原因があるのだが、ほとんどのリーダーがスタッフにもっとイニシアチブをとってもらいたいと思っているというのは興味深い。リーダーたちは、自分一人で采配をふるいたいとは思っていないらしい。

私がカリフォルニア大学バークレー校に在籍していた一九六〇年代初頭、言論の自由をめぐって警官と学生の衝突が起きたことがあった。にらみあいは学生広場で始まり、にわか仕立ての学生リーダーと役人が別の場所で協議していた。私は、学生リーダーを支持する大勢のフォロワーの一人だった。

夕暮れになると、警官隊と賛成・反対両派の学生が数えきれないほど集まっていた。デモ隊に投げつけられた悪臭弾と罵声のせいで険悪なムードになり、ヘルメット姿の警官隊が、座り込みを続けるデモ隊に今にも突入しそうだった。群集のなかには目の不自由な人や子どももいたので、私は彼らが怪我をしないかと心配になった。

その晩は、フォーク歌手で政治活動家のジョーン・バエズが、学内のグリーク・シアターのステージに立つ予定だった。彼女は全国的に名前が知られるようになったばかりだった。私は彼女が泊まっていそうなバークレーの高級ホテルに電話をかけ、大学の状況を伝えるメッセージを残した。そのなかで、どうか衝突の現場に来てほしい、あなたのように傑出した人が現れれば、皆の自制心が働いて、暴力を未然に防げると思う、と訴えた。

ジョーンは見ず知らずの一学生である私の願いを聞き入れ、間もなく学生広場に現れた。彼女が来たことを知ると、どちらの学生も高ぶっていた感情を抑え、やがて和解が成立し、自発的に解散した。あのとき私は、肩書きなどなくてもイニシアチブがとれることを学んだ。

残念ながら、いつでもそううまくいくわけではない。最近、自分が勤める会社の会議のレベルに失望したことがあった。二つの大陸から人が集まるその会議には莫大な費用と時間がかかっていたが、私には毎年かわりばえのしない退屈な内容が繰り返されているようにしか思えなかった。組織の設立者と社長にはそのことを伝えたが、何も変化は見られなかった。

その後、セルフ・アセスメント（改善・革新の課題を発見するための自己評価）をする機会があり、自分が社長に対してどれほど不満を抱いているかを知って驚いた。そこで明らかになった私の姿は、積極的で献身的なチームメンバーという自己イメージとはかけ離れたものだった。私は好ましくない状況に不満を並べるだけでなく、その状況に対して責任を負うべきだと悟った。

そこで、私は会議のほかの出席者に見てもらうための文書をつくり、一人ひとりにファックスを送るという計画を立てて、社長に提案した。社長はそれを認めてくれた。文書では、例年の会議のひどいありさまを説明し、会議を活性化するための自分のアイデアを記した。そして感想を募った。するとほぼ全員が回答を寄せてくれ、私の提案の上をいくアイデアを出してくれた人も少なくなかった。こうしたプロセスを経て、会議の一部は刺激的で価値あるものに改められ、社長も満足した。

自分の組織とその活動に責任を負うことによって、リーダーと真のパートナーシップを築き、メンバー同士の連帯を強めることができる。そしてその結果として、共通目的の達成に向けてより多く貢献できるようになる。責任を引き受けるには勇気が必要だ。なぜなら、結果にも責任を負うことになるからだ。自分がしたことの責任や、しなかったがゆえの責任を、ほかの人に負わせるわけにはいかない。

しかし、組織に対する責任を負う前に、まず負うべきは自分に対する責任である。自分の不満を認識し、それを変えるために行動を起こす。つまり自らの成長に対して責任を負うということだ。自分は変わろうとしないのに、組織にばかり改善を求めることはできない。

この章では、勇敢なフォロワーが、自分と組織の成長に対して負う責任について考察する。フォロワーは周囲と協調して取り組むこともあれば、共通目的を実現するためにリーダーから離れて行動することもあるだろう。

セルフ・アセスメント

自分の成長に対して責任を負うためには、自己分析から始めるとよい。今、自分がどこにいるのかがわからなければ、どこへ向かって成長すればいいのかも見えてこない。勇敢なフォロワーは、勤務評定をあてにせず（とはいえ、これにはいつもどきどきさせられる）、自分の仕事ぶりは自分で評価する。

勇敢なフォロワーは自分のコンピテンシー（仕事をこなす能力）を評価すると同時に、チームメイトやリーダーとの関係というあいまいな領域も分析する。「慈愛はわが家から」という言葉もあるように、フォロワーとリーダーの関係を進展させたければ、まずフォロワーが自ら行動を起こさなければならない。フォロワーが抱える権限に関わる問題は、裏返せばリーダーが抱える権力の問題である。

フォロワーとリーダーとの結びつきは非常に深いため、リーダーに対する自分の信念や姿勢をはっきり意識することはむずかしい。子ども時代を通じて、家庭や学校で権力を持つ人は、私たちに命令できる圧倒的な力を持っていた。私たちは、従ったり、避けたり、逆らったりしながら、そのような権力者と付き合ってきた。そのとき用いた方法がその後の行動パターンとなり、現在のリーダーに対する態度に影響を与えている。

成人してからの職場環境はたいてい、幼いころに身につけた権力との関わり方をさらに強化する。そのことを念頭においたうえで、権力に対する自分の信念と態度、行動パターンをより深く理解し、その結果を見なければならない。たとえば、次のとおりである。

■特定の問題について特定のリーダーに抗議するのは健全かもしれないが、あらゆる問題について、あらゆるリーダーに抗議するというパターンは健全ではない。反抗的で疎んじられているフォロワーは信頼が得られず、リーダーに対して意味のある影響を及ぼすことはできない。

■リーダーに対して、敬意のこもった言葉遣いや態度で接するのは適切かもしれないが、必要以上に追従したり、常に憤りを抑えたりするのは適切でない。卑屈になりやすく、上司を喜ばせることに熱心すぎるフォロワーは、リーダーと健全な力のバランスを保つことができない。その結果、リーダーは能力をうまく発揮できなくなる。

■リーダーが声を荒げてこちらの言葉を遮ったときに口をつぐむのは、家庭や学校では必要かもしれないが、職場では自分のためにもリーダーのためにもならない。自分の意見や考えが軽視されるのを容認すれば、そのようなリーダーの態度は助長され、両者の絆は弱まっていく。

リーダーを、良い親か悪い親か、良い王か悪い王か、英雄か悪党かで見る見方を改めなければならない。自分のそうした態度に気づいたら、違うかたちでリーダーと関わることを学ぶべきである。リーダーの行動の意味をどう読みとるか、そこからどんな感情が引き起こされるか、その感情と折り合いをつけるためにどう行動するかといったことに注意を向けるようにすれば、これまで権力者と共存するために必要としていたメカニズムを忘れることができる。そこからスタートして、大人として権力と効果的に関わるにはどんな選択肢があるのかを考えていこう。

フォロワーシップのタイプ

リーダーとの関わり方を説明するにはいくつかの方法がある。私のワークショップでは、勇敢なフォロワーシップの核心から導き出した二つの軸で構成されるモデルを使って、参加者に自分の強みと今後の成長に必要なものを把握させている。

このモデルの軸の一つは、フォロワーがリーダーを支える度合いを示し、もう一つは、リーダーの言動や方針が組織の目的を危険にさらしたり、その価値を損なったりした場合に、フォロワーが異議を申し立てる度合いを示す。この二つの軸は、あらゆるレベルのリーダーシップとフォロワーシップに見ることができる。その内容については、この先の章で詳しく考察していくが、ここでは二つの軸からなる座標のどこに自分が位置しているかを考えてみよう。

座標は、フォロワーがリーダーに対してとる姿勢によって四つの象限に別れる。どんなリーダーを相手にするかによって多少のずれはあるが、リーダーの気質と流儀に応じて自分の位置づけを変えてばかりいると、リーダーに多くの力を吸いとられ、仕事に向かう姿勢があやふやになってしまう。これから成長しようとしている現段階では、権力者とどのように関わっていくかについて、まず自分の核となる性向や基本姿勢を明確にしておくとよい。そうすれば、自分自身の成長を座標上に描くことができる。

このフォロワーシップのスタイルを示す座標の四つの象限は、次のとおりである。

■第一象限：支援（高）、批判（高）
■第二象限：支援（高）、批判（低）
■第三象限：支援（低）、批判（高）
■第四象限：支援（低）、批判（低）

第一象限：支援（高）、批判（高）――パートナー

第一象限に当てはまるのは、リーダーを精力的に支え、同時にリーダーの言動や方針に対して積極的に異議を唱えるフォロワーである。こうしたタイプのフォロワーはリーダーの真のパートナーと呼ぶことができるし、本書で紹介する勇敢なフォロワーの特性を多く備えている。もちろん、この象限に当てはまるフォロワーでも、両方の特徴をさらに強化して能力を磨くことができるので、さらなる成長が期待できる。

第二象限：支援（高）、批判（低）――実行者

ここに入るのは、たいていのリーダーが自分のフォロワーに対してこうあってほしいと望む人びとである。リーダーは、職務をきっちり果たし、いちいち監視したり説明したりする必要のないフォロワーを頼りにする。しかし、このタイプのフォロワーは、リーダーが道を踏み外しても警告を発することはないし、たとえ警告したとしても、リーダーにはねつけられると、おそらくあっさりあきらめてしまうだろう。彼らが成長するには、効果的かつ生産的な批判の

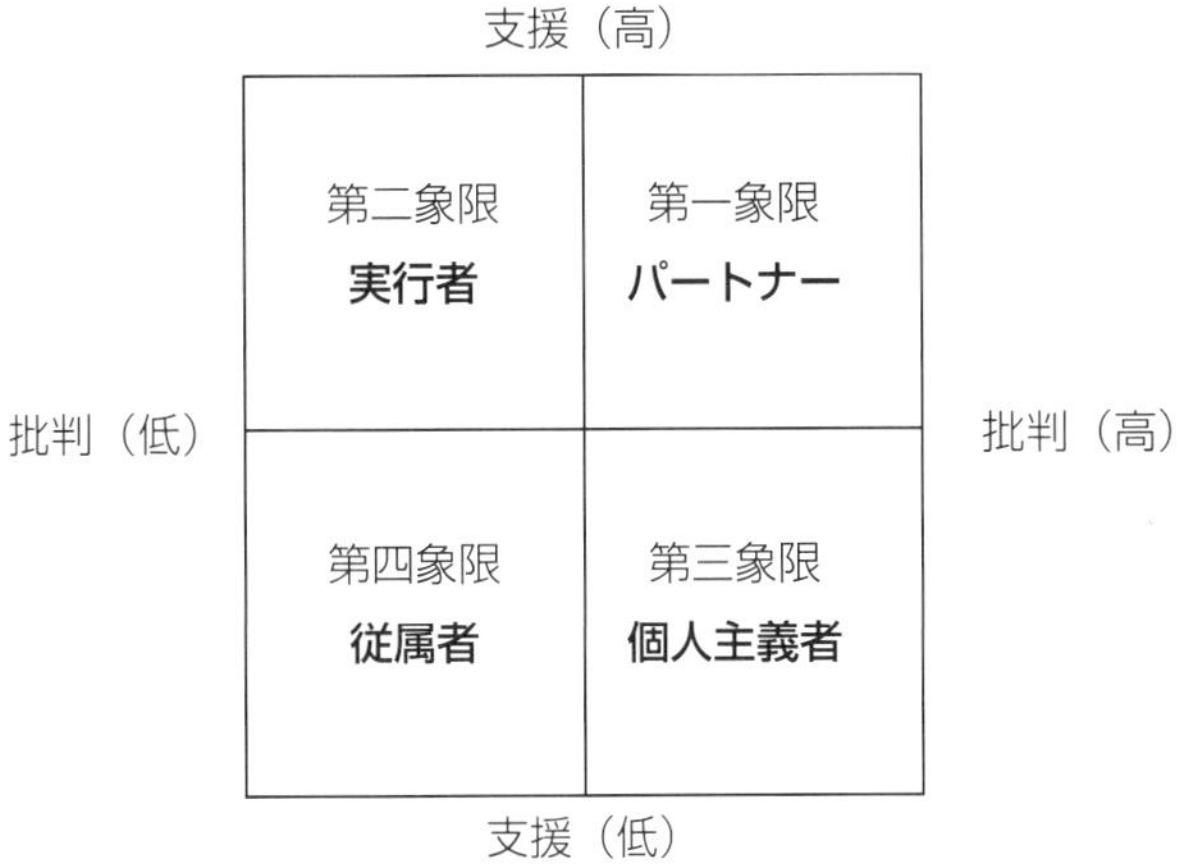

やり方を身につけ、リーダーの問題ある行動や方針に対して、もっと積極的に異議を申し立てるようになる必要がある。

第三象限：支援（低）、批判（高）
——個人主義者

どんなリーダーの周囲にも個人主義者が一人はいるものだ。服従心がきわめて乏しく、リーダーや組織のほかの人の行動や方針について、自分の意見をずけずけと言うタイプである。組織のほかのメンバーは、少々の懸念があっても無難な策をとりがちなので、揺さぶりをかける意味で、このようなフォロワーは必要な存在である。

しかし、皆でリーダーのイニシアチブを支えようとするとき、このタイプは周囲と足並みを揃えようとしないので阻害される。しかも、その批判は次第に予測できる退屈なものとなり、リーダーは彼らをどうにかして締め出そうとするだろう。このタイプの個人主義者が成長するには、イニシアチブを発揮して共通目的を実現させようとするリーダーを、目に見えるかたちで支えていく必要がある。

第四象限：支援（低）、批判（低）——従属者

どんな組織にも、給料に見合うだけの仕事はこなすが、それ以上の働きはしない人がかなりいるものだ。正当な理由があることも少なくない。シングルマザー、あるいはシングルファーザーで三時半には退社して託児所に子どもを迎えに行かなければならないのかもしれないし、大学院で勉強中で、そちらの研究を優先させているのかもしれない。仕事には週に数時間しか割けないという人もいるだろう。しかし、この象限にいるかぎり、仕事上で成長することも組織に多大な貢献を果たすことも望めない。組織の一員であることを優先する覚悟ができれば、リーダーに対するサポートもレベルアップし、修正が必要なリーダーの方針や言動にしっかり異を唱えるようになるだろう。

表に示したのは、リーダーと関わるときのフォロワーに見られる姿勢や言動を一言にまとめ、各象限に当てはめたものである。

これらの傾向の度合いは心理テストで測定できるが、少なくとも現在のリーダーとの関係で自分がどこに当てはまるかは、すでにわかっているはずだ。本書を読み進めていくうえで、そのセルフ・アセスメントと、自分が望む成長の方向を心に留めておこう。そうすれば、これか

表　フォロワーのタイプ

実行者 頼りになる 協力的 気が利く 賛同する 擁護する チームを重視する 従順である 権威を尊重する リーダーの見解を補強する	**パートナー** 目的に導かれる 使命を重視する 冒険的 人間関係を育む 自分と他者に責任を課す デリケートな問題に立ち向かう 長所と成長に重点を置く 権力と対等の関係を築く リーダーの見解を補完する
従属者 ただ存在している 利用できる 予備の人手 特殊技能の持ち主 中立的 第一の興味はほかにある 最低限の義務は果たす 第三者に不満をこぼす 権力者の注目を避ける	**個人主義者** 対立的 率直 怖いもの知らず 独自の考えを持つ 現実主義 不遜 反抗的 孤立しがち 権力を恐れない

ら出会う新しい考えや提案の方向性がそれと一致するかどうかを検討し、その結果を取り入れることができる。

フィードバック

セルフ・アセスメントは重要だが、自分が他人にどう見られているかを知ることも同じく重要である。勇敢なフォロワーは、気が進まなくてもあえて「非難」に耳を傾け、率直なフィードバックを得られるよう努力する。特定の仕事に関して文句を言い続ける「上司」は実際にいるし、そのイメージは容易に思い描けるが、実際には、部下とともにより基本的な問題についてあれこれ話す上司はそれほど多くない。彼らにしても、そういうことは言いにくいのだ。地位が上でも、リーダーが人間関係の改善に必要とされる度胸を持っているとは限らない。

勇敢なフォロワーは、どちらかが気詰まりな思いをするのを恐れず、次のように、リーダーの意見を聞き出そうとする。

■「なんでも完璧にできる人はいません。もっとうまく仕事をこなすには、どんなことに取り組めばいいのでしょうか?」

■どんなにささいなことでも否定的なフィードバックを受けたら、さらにその先を促そう。「教えていただいて助かりました。ほかにも教えていただけますか?」

この言葉でリーダーは励まされる。リーダーは、こちらが助言を聞きたがっているかどうか試している部分もあっただろうから。オープンな関係を築こうとする気持ちが通じたら、さらに先を促す。

■「私の仕事ぶりでほかに、たとえばもっと基本的な部分で気になるところはありますか?」

相手の意見に興味を持ち続け、弁解せずにいられたら、自分とリーダーについてとても重要なことを知ることができる。どんな変化が求められているかがはっきりするまで、説明と例を求めよう。

受けとったフィードバックが、リーダーやほかの人からすでに指摘されたことがある問題に関するものであれば、さらに詳しい意見を聞くことによって、何がどう悪いのかがよくわかり、改善したいという気持ちが強くなるだろう。フィードバックを得ることによって、周囲から欠点と思われていることを自覚できるし、しっかりした土台に立って、その対処法を考えられるようになる。

個人的成長

セルフ・アセスメントとフィードバックは、自分がどのように変化し、成長するのが望ましいかを探るうえで助けとなる。成長するには勇気がいる。自分の弱い部分、まだ熟練できていない領域をさらけ出さなければならないからだ。

あわせて、ユング派が「ダークサイド（暗黒面）」と呼ぶものを自分のなかに探究していくことも求められる。これは楽しい作業ではない。しかし、勇気を持って担うべき責任には、人にあまり知られたくない部分に対する責任も含まれている。リーダーのダークサイドを変えたいと思うなら、まずは自分のそれを知らなければならない。成長したいという衝動を支えるには、自己イメージを守りたいという衝動と闘わなければならない。

個人的成長には、心の葛藤が伴うことが多い。最初の心構えが肝心で、少しでも不快に感じたらすぐ投げ出すようなことにならないようにしよう。安寧を得るにはまず苦労する必要があると心得ておけば、自分にとって必要なことを学び続けることができる。協力的な人間関係やグループは、その葛藤を乗り越える助けになるだろう。システム化された開発プログラムやカウンセリング、助言者、そのすべてが、心の成長の手段と支援システムになる。

私たちはまた、外から見える成長も求めている。熱心に探せば、今の地位のなかでも成長できる余地は十分あるし、有能なリーダーのそばで働いているのなら、それは何よりの成長の機会となる。しかし、どこかの時点で今の居心地のよい役割から抜け出し、新しい未知の役割で自分を試すことが望ましい。組織が終身雇用を保証しない時代にあって、キャリアを成長させる計画は自分で立てなければならない。

■不快な思いを避けていたら、一生成長しない。
■挑戦を求めれば、そのたびに成長できる。その方法は思いもよらないものであることが多い。

繰り返しになるが、私たちには責任がある。自分の内面と外面の両方の成長を自らに課さなければならない。

自己管理

私たちは自己管理の責任も負っている。自己管理がうまくいけば、信頼と資源の両方が生まれ、変化を起こして組織を向上させることができる。

自己管理の鍵となるのは、段取りの善し悪しである。それがへたなフォロワーは準備ができていなかったり、期限を守らなかったり、不正に目をつぶったりして、しばしばリーダーの期待に応えられない。こちらの仕事ぶりを不満に思っているリーダーに、忠告や相談を聞き入れてもらうのはむずかしい。

年長のフォロワーは、ほかのフォロワーを導くことが多い。もし年長のフォロワーが段取りの能力に欠けていたら、組織全体の仕事に悪影響が及ぶ。組織が最低限の責任を果たすのにさえ四苦八苦しているようでは、独創的な新しいイニシアチブを発揮する力が湧いてくるはずがない。

自己管理は、突きつめればリーダーシップやフォロワーシップの基本であり、誰もがやっている日常的なことである。しかし、それでもなお、自己管理は非常に重要なスキルであり、フォロワーは、うまく段取りをつけながら、むずかしい課題を乗り越える準備を整えなければならない。

フォロワーが高いレベルでの段取りを組まなければならない分野には、次のようなものがある。

■職場環境において情報、要求、意見などがスムーズに流通する方法を確立し、維持する。

■ある仕事を果たすのに必要な手段、データ、情報などが、すぐ手に入り、管理も行きとどいた状態にする。

■情報や材料を適切に保護できるような体制を整える。

■仕事の評価基準を目に見えるわかりやすいものにする。

■複雑な活動は分析して余分なものをそぎ落とし、資源を最大限に活用できるようにする。

■自分とほかの人の時間を必要とするいくつもの仕事を処理するために、計画を立て遵守する。

■サービスや行動に対するニーズは記録し、追跡してきちんと処理し、早々に解決する。

■組織の作業の障害にならないよう、熟達した信頼できる人物に仕事を任せる。

こうしたことがもともと得意でない場合は、責任を持ってその能力を磨かなければならない。

よく障害となるのは、段取りを整えている時間などないという気持ちだ。しかし、私たちの時間を食いつぶしているのはその段取りの欠如であることが多い。いつかそのうちではなく、今すぐ計画を立て、段取りを整えるべきである。斧の刃を研ぐには少々時間がかかるが、その手間を惜しむと、切れない斧で木を倒そうとして徒労にくれることになる。

共通の目的に向けて長く懸命に働くことも必要だが、仕事が円滑に早く仕上がるよう、あらかじめ計画を立て、段取りを整えることが大切である。

自分の身を守る

頼りになるチームメンバーとしてリーダーを支えるには、仕事の管理にも増して、生活や健康の管理が重要となる。リーダーや目的を大切に思えば思うほど、自分のことがおろそかになって健康を害したり、私的な人間関係を損ねたりしがちだ。自分の身辺にも注意すべき緊急の課題は常にあり、それを大切にするかしないかによって、未来は違ってくる。

仕事はしなければならないが、仕事がすべてになってはいけない。日に一五時間、週に九〇時間働くフォロワーは自分のことを立派だと思うかもしれない。また、リーダーを見習って自分も長時間働かなければとプレッシャーを感じることもある。逆に、限られた時間で必死に働かなければならないこともある。いずれにしても、残業が当たり前になっているなら、力を消耗して生活のほかの部分に支障が出る前に、その状況を変えなければならない。

必要な健康管理をしていかなければ、遅かれ早かれ燃えつきてしまう。そうなると雇用者たちをがっかりさせ、ときには迷惑もかける。組織の役に立つには、情熱を持って仕事に取り組まなければならないが、その情熱に振りまわされてはいけない。

仕事と私生活のバランスがうまくとれたら理想的だが、あえてそうしようとしない場合もある。そうなると、バーンアウト（燃え尽き）が始まる。極度の疲労、慢性的なストレス、短気、ぎすぎすした人間関係、虚無感、思いやりの欠如、逃避願望といった警告のサインが出始める。

そのようなサインに気を配り、仕事と私生活が両立できているか、以下の項目に照らし合わせて定期的にチェックしよう。

■生活のどの分野に注意が必要か？
■それに注意を払うには、何を変えなければならないか？
■そうした変化を起こすには、リーダーとの交渉が必要か？
■そうした交渉ができるほど、リーダーとうまくいっているか？
■リーダーとフォロワーの関係そのものを見直す必要があるか？
■交渉を成功させるためにバランスをとらなくてはならないニーズは、それぞれ何か？

自分の生活管理と健康管理をおろそかにしてはいけない。長期的に見れば、それによって共通目的の達成に華々しく貢献するか、それとも志半ばで壊れたり、消えたりするかが決まるのだ。

情熱

成功するフォロワーは自分の仕事や自分が仕える人びとを大切にする。オーナーシップ、あるいはスチュワードシップのセンスがあると言える。なんらかの事態が生じると、彼らは自ら責任を感じる。リーダーとフォロワーが仕事に等しい情熱を持つことができれば、全面的に協力して取り組むことができる。リーダーの情熱についていけないとしたら、ジュニア・パートナーよりも上の地位につくことはむずかしい。

私たちは仕事全般に対しても、自分に課せられたどんな役割に対しても、情熱を抱くことができる。たとえば備品や書類の保管責任者が、その部署を整然と管理し、ほかの部署の活動を円滑に支援できていれば、プロとしての誇りが伝わってくるはずだ。職務の独自性とその影響を正しく理解できていれば、必要な力をその職務に注ぎ、貢献度を上げることができる。

情熱は、ないのにあるように偽ったり見せかけたりすることはできない。それは共通目的に対する純粋な思いがあればこそ湧き上がってくるものだ。障害に出くわせば翳るかもしれないが、いつでもまた燃え上がらせることができる。勇敢なフォロワーとしては、情熱の喪失を「普通の状態」として受け入れるわけにはいかない。次のような厳しい問いを自分と周囲にぶつけて、情熱を再燃させせようとする。

■組織の目的意識の再確認が必要か？
■私は共通目的と組織のビジョンに対する興味を失ったのか？
■私はどんな達成のビジョンを描いているか？
■現在の役割を通じてそれを達成できるか？
■将来のさらに大きな達成のために、現在どのような役割が与えられているか？
■現在の役割を果たすために感じるストレスが情熱を妨げているか？
■リーダーや組織のほかのメンバーとの関係が情熱を妨げているか？
■さらに大きな責任を負う覚悟ができているか？　それを周囲に知らせるべきか？

情熱がふたたび燃え上がれば、力は取り戻せる。情熱がなければ、優れた働きはできない。優れた働きをすることによって達成感と、組織の未来を形づくる手伝いをする権利が得られる。行動せず批判ばかりする人は、リーダーや組織に影響を及ぼすことはできないが、情熱を持って役目を果たそうとする人は一目置かれる存在になる。

イニシアチブ

指示を待たずに自発的に行動しようとする意欲こそ、勇敢なフォロワーの特徴である。顧客サービスに関する苦情であれ、あるいは組織を飛躍的に前進させるような機会であれ、勇気あるフォロワーは周囲の出来事すべてに責任を持って臨む。

自発的に動く能力を高めるために、以下のことを心に留めておこう。

■フォロワーとして、私たちは共通の価値観や共通目的に全身全霊を傾けているつもりだ。私たちは傍観者ではない。ただ見るだけでなく、行動する。

■共通目的がリーダーとフォロワーの両方を導いているなら、重んじるべきは、リーダーよりも目的そのものである。したがって、目的を達成しようとする際に上からの許可は必要としない。

■組織の目的がわかれば、その目的を理解して追求する斬新な方法を率先して実行できる。

■十分な情報があれば、周囲の出来事の背景やニュアンスを知ることができるし、予期せぬ問題や機会に自信を持って判断し、対処できる。

■組織が容認できるリスクの範囲と容認できないリスクを見きわめるのは、私たちの責任である。

■リスクが容認できるものであり、かつ、組織の目的と価値観がフォロワーの行動を期待するときに行動を起こさないのは、責任の不履行である。

■リスクが容認できないものであり、フォロワーが行動することによって組織の目的や価値観が危険にさらされるときに、それでも行動するのは、これもまた責任の不履行である。

リーダーは普通、部下の自発的な行動を支えるものだが、フォロワーがリーダーを差しおいて注目を浴びようとしているように見える場合は話が違ってくる。イニシアチブの動機があくまで共通目的への貢献であり、自己権力の拡大でないとわかれば、リーダーは相手が誰であっても公平に敬意を持って対応するだろう。そのようなフォロワーは、リーダーシップの責任を共有していることになる。

文化に影響を与える

どんな組織にも独自の文化がある。文化とは、いくつもの行動の規範と世界観が一つにまとまったものだ。リーダーとフォロワーが成功するには、そのような規範を知るとともに、組織にもとからある文化の力を尊重しなければならない。政治のリーダーに選ばれた人が官僚機構の文化を無視して、その座を追われた例は多い。もっとも、私たちの社会と文化は相互に作用しており、フォロワーが進む道は一方通行ではない。文化を重んじるフォロワーは、その文化に影響を与えることもできる。

組織の姿勢が消極的、悲観的、敗北主義的であったとしても、しばしばフォロワーは本能的にそれに溶け込もうとする。しかし勇敢なフォロワーは、自分の価値観が周囲の文化に呑み込まれることをよしとしない。以下の原則を忘れなければ、既存の文化に影響を与えることができる。

■組織への抗議としてではなく、自分の見解とビジョンの表明として異なる姿勢を示せば、組織を強化することができる。

■組織の誇りと団結の根源となっている価値観と伝統を正しく認識し支えることで、組織がまだ持っていない特性を確実に形づくることができる。

■自分自身の価値観とビジョンに忠実であり続け、その二つを共通目的に結びつければ、目的達成のために組織が生み出す力を高めることができる。

■支援がない文化のなかで、自分の「高い」意欲を保ち続けるには、明確な価値観と自己受容が必要である。

組織と結びつきながら自分を失わないでいる能力は、必要に応じて組織やリーダーに異を唱える能力と同じである。対抗するような態度をとらず、別の行動パターンを示して組織にうまく影響を与えることができれば、自分に正直でいながら組織の尊敬を得ることができる。こうしたフォロワーの立場は堅牢で、将来、必要なときには組織にさまざまな要求ができる。

ルールの打破

優秀なフォロワーは、自分たちが従う組織のルールを責任を持って理解しようとする。ルールは、組織の資源を使うときのガイドラインや、秩序ある意思決定のための手段にするため、あるいは、公正さや目標水準を明らかにし保証するためにつくられる。ルールは、組織が独自性を維持し、価値観を表明し、活動を調整していくうえで必要となる取り決めである。有能なフォロワーは、このルールを把握し、その枠組みのなかで目的を果たす術を知っている。

勇敢なフォロワーは、目的がルールに優先することを知っており、ルールに変更や解釈が加えられる際には、それが組織目的の達成の妨げにならないかということに気を配る。彼らのルールの見方は成熟している。つまり、共通目的に貢献するルールは擁護し、妨げとなるルールには疑問を呈するのだ。

常識外れのルールや職務の妨げとなるルールをその始まりまでたどってみると、往々にして当初の目的とずれたかたちで適用されたために悪影響が出ていることがわかる。ルールは歴史的背景にあわせて発展するのが常で、状況が変われば、なお妥当かどうか見直さなければならない。自分がある企業の顧客の立場であれば、常識で考えればできることをそこの従業員に「できない」と言われるほど腹の立つものはない。「会社の方針」だと言いはる従業員に出くわすと、顧客サービスに使われている大金はどこに消えているのかと不思議に思う。

ルールに対する姿勢はとても重要である。納得のいかない命令が出された場合、リーダーとの関係やリーダーに対する反応はルールに左右される。組織の目的を妨げたり、その価値観と衝突したりするルールに直面したときには、以下のガイドラインが役に立つだろう。

■たんに便宜のため、あるいは個人の利益のためにルールを破るのは倫理的に正しくないが、組織の目的達成や価値観、人としての基本的な良識に反するルールを守ったり、人に押しつけたりするのも倫理的に正しくない。

■ルールが業務を妨げているとき、勇気あるフォロワーはそのジレンマに責任を持って対処し、あえてルールを曲げたり、かいくぐったり、破ったりして業務を遂行する。

■ルールに阻まれて組織が適切なサービスを提供できない場合、勇気あるフォロワーは堂々とルールを迂回し、それを実例としてルールの積極的な見直しを訴える。

■自分がルールの迂回を隠していることに気づいたら、なぜ、なんのためにそうするかを十分考察しなくてはならない。社風がよほど抑圧的でないかぎり、この種の偽装は不適切である。

勇敢なフォロワーは自分自身を信頼し、組織に信頼され、組織の価値観を解釈しながら、ある特定の状況にルールを適用していく。政府や民間企業の幹部が、自分に委ねられた権限を行使して、犯罪行為を正当化する例を目にすることがあるが、当然、これは勇気ある行動ではなく、組織の利害関係者の信頼を裏切る行為である。

発想の転換

ルールを破るだけでなく、ときには組織の思考様式そのものを破ることも必要である。共通目的の追求は、組織の世界観に阻まれる場合もある。組織はその世界観をフィルターとして情報を取捨選択する。その際に、貴重な可能性まで捨ててしまうこともある。

組織に従来の発想の枠を越えさせるのは非常にむずかしい。私たちが導こうとしている先は、組織にとって未知の領域なのだ。新しいパラダイムを提示しようとするなら、組織にそれを受け入れさせるために入念に準備しなければならない。そうでなければ、提案してもただ呆れられ、即刻、却下されるのが落ちだろう。組織には、そのアイデアを記録したり評価したりする枠組みさえないのだ。たとえば、狭量な世界観を改善しようとしていない組織は、現実の問題に気づいておらず、ましてや自分たちがどのようにその問題を引き起こしているかなど知る由もない。

場合によっては、組織の従来のパラダイムに関する自分たちの懸念を経営トップまで持っていくことも覚悟しよう。従来のパラダイムに代わる新しいパラダイムを認めさせるには、材料を周到に準備する必要がある。材料には以下のものが含まれる。

■統計データ、すなわち組織の現在の業務に関する数値的事実
■事例史や逸話
■ほかの組織の業務との比較
■外部の専門家とその調査
■影響を受けた利害関係者からの評価
■よく似た歴史的事例
■著しく異なるモデルの視察と調査

■業務拡張がもたらす将来のシナリオ

周囲の認識が高まれば、フォロワーはその力に助けられて新しい可能性を探ることができる。

プロセスの改善

プロセスとは、組織がそれ自身のニーズと、関係する個人や組織のニーズを満たすために展開する一連の活動である。コア・プロセスとは組織の目的達成を図るものであり、ほかのプロセスはそれを支える。

組織に潜む危険の一つは、誰かがプロセスに不備を見つけても、ほかの誰かが何とかしてくれるだろうと漠然と期待してしまうことである。したがって、不備を見つけても、それを自ら動いて直そうとしないことは珍しくない。行動を起こさなければ、その後の展開に対するフォロワーの責任感は低下する。フォロワーはそれぞれ、「あの問題が私の担当だったら、違うやり方をしていただろう。でも私の担当ではないから私の問題でもない」と考える。そして共通目的は、その影響を被る。

勇敢なフォロワーは不備を見つけたら、見ないふりをしたり、意味のない批判をしたりしない。他人に改善を任せようとも思わない。改善への道を自ら探し、見つけ出すのだ。

組織のプロセスに対する責任を考慮する際は、以下のことを心に留めておこう。

■特定の苦情を改善すれば、一人の顧客に誠意を示すことになるが、その苦情の原因であるプロセスを改善すれば、多くの顧客に誠意を示すことができる。
■そのプロセスの正式な責任者がはっきりしている場合、最低限すべきことは、自分が気づいたプロセスの不備をその責任者に教えることである。
■プロセスの責任者も改善担当グループもはっきりしない場合は、組織に改善の必要性を気づかせなければならない。
■勇敢なフォロワーは、リーダーに対して、「この件に関して、何か手段を講じなければなりません」と進言してあとは任せっきり、というような無責任なことはせず、リーダーが考慮できるような改善案もあわせて提示する。

たとえば、組織内でメンバーの要求をかなえたり、政策立案に地域団体も交えたり、顧客注文への対応を迅速にするというようなプロセスの改善を図るには、組織にその必要性を気づかせ、改善が必要だと確信させられる優秀な人材が必要となる。勇敢なフォロワーは喜んでその役目を引き受ける。

アイデアを試す

組織は、問題に取り組んだり、改善策を講じたりする余裕がない場合がある。より切迫した難問を抱えていることもあるだろう。そのようなとき、その問題をとても心配しているフォロワーはいらいらするはずだ。あっさりあきらめてしまっては、責任から逃れることになる。そこで自分で解決策を練り、その正当性を検証する方法を探さなければならない。強い決意と創造性があれば、新しいプロセスやアプローチは、それほど費用をかけなくても検証できるものだ。既存の予算内でできるテストケースを計画すれば、最初の認可のプロセスが容易になるか、あるいは省略できる。

わかりやすく適切な検証方法を考案するだけでなく、そのテストケースが成功したら、そのアイデアへの賛意をどのように募るかを考える。意思決定者が一目置く人物を早くから味方につけておけば、アイデアを受け入れてもらえる可能性は高くなる。その力添えを得て、アイデアはテストケースの成功から実現へといたるだろう。

テストケースが成功したら、支援してくれた人や、黙って自分に任せてくれたリーダーへの感謝の気持ちを忘れてはいけない。失敗した場合は、その経験を活かして次のアイデアに取り組む。自分のアイデアをテストする以上、失敗も覚悟しなければならない。フォロワーが失敗を恐れずに自主的に行動すると、フォロワーシップとリーダーシップの境界線が、いい意味であいまいになる。

第3章◉リーダーに仕える

リーダーに影響を与える

ある上院議員スタッフの優秀な責任者は、議員に相談することなく、驚くほど多くの決定を下している。議員のもとには毎日大小さまざまな要請が届くので、そうせざるを得ないのだ。その際、彼は議員を代弁していい場合と、議員に相談すべき場合を分けている。それはリーダーに仕える人の多くが果たしている役目である。側近として年上のリーダーに仕えるには、情報を選別する度胸が求められる。よけいなことでリーダーを煩わせると、その力を浪費させることになり、逆に知らせるべきことを知らせなかったら、リーダーは不意打ちをくらって恥をかくか、窮地に追い込まれる。

多くの組織文化では、重大な失敗があれば、誰かが犠牲となってその罪を背負うのが常である。それはあなたかもしれない。イギリスなどでは、首相を巻き込むようなスキャンダルが発生すると、大臣が一人辞職するのが慣例となっている。チェスのように、ビショップやルークがキングを守るために身を捧げるのだ。

その一方で、フォロワーが大変な働きをしたにもかかわらず、その功績を認めてもらえないことがある。すべてリーダーの手柄にされ、役員会やマスコミに発表するのもリーダーだ。そうでありながら、もしリーダーが失脚したら、側近であるその人もおそらく運命をともにすることになる。

フォロワーのなかには身の安全を図って、出世からはずれたポジションを好む人もいるが、それを責めることはできない。リーダーの側近になれば、たいてい大きなストレスを抱えて暮らすはめになるからだ。私が指揮するコンサルティング・グループを所有する議員は、要求が高いうえに頭に血がのぼりやすい。

ある日、議員がスタッフと複数の講演会場を行き来するために雇ったミニバンの運転手が、彼が些細なことでスタッフを何度も怒鳴りつけているのを聞いたという。「わかったぞ!」。議員が講演しているあいだ、後部座席に残っていたスタッフの一人に運転手は言った。「あんたたちは年に一〇〇万ドルももらっているから我慢できるんだ」。彼には、この種のストレスに進んで耐える理由はそれしか思い浮かばなかったのだ。

精力的なリーダーに尽くすには技術がいる。優れた技術を駆使してうまく務めを果たせば、自分のストレスもリーダーのストレスも減らし、組織としての創造力を最大限に発揮させることができる。優秀なリーダーだけでなく、フォロワーによる優秀な支援も組織の目的達成能力を高める。私はこれまで何度となく、リーダーが次第に働きすぎになり、イライラを募らせ、短気になっていくのを見てきた。彼らは必要な支援を受ける術を知らなかったのだ。リーダーが望もうと望むまいと、フォロワーはリーダーに必要な支援を提供すべきだし、もしリーダーが支援の受け方を知らなければ、それを教えなければならない。

リーダーに仕えるのは複雑な仕事であり、高度な組織的ノウハウが要求される。リーダーの時間と情報の管理を助け、リーダーの価値観と意図を精力的に周囲に伝え、卓越した判断力と知恵を発揮し、さらには、非難を浴びても冷静沈着でいなければならない。

私はこれまで数年にわたって勇敢なフォロワーになるためのワークショップを主宰してきたが、それを通じて学んだのは、組織のメンバーは、自分にはリーダーに影響を与えるような力はないと感じており、しかもリーダーに幻滅を覚えると、あっさり見捨ててしまうことがあまりに多いということだ。

こうした関係を改善する第一歩として、リーダーの行動や方針に異を唱えるのをやめ、リーダーに関心を寄せて気遣うところから始めてみよう。リーダーの期待に応え、そのストレスを下げる方法を見つけるのだ。そうすれば信頼と親善が深まり、やがては微妙な問題に取り組む機会が生まれてくるだろう。

リーダーのエネルギーを浪費させない

リーダーは注目度の高い地位にあるので、強い圧力にさらされることが多い。組織の内側からも外側からも圧力がかかり、価値観や判断力が試されたり歪められたりすることもある。フォロワーシップの重要な役目は、そうした歪みの原因となりうる余計な圧力を最小限に抑えることだ。

リーダーが多くの仕事を抱えすぎて、私生活も仕事もバランスを崩しそうになっているとき、勇敢なフォロワーはよりよい方向にリーダーを導くことができる。リーダーはたいてい個性が強い。ゆえにその豊かなエネルギーを惜しみなく使って、組織のメンバーをおだてたり、励ましたりして目的を達成させようとする。しかしそのエネルギーは、本人は無限にあると思っているかもしれないが、やはり限界がある。大切に温存し、補充もしなければならない。フォロワーとしては、以下のことを自問し、熟慮しよう。

■どんな行動がリーダーを元気づけられるか？
■その行動には十分な時間が用意されているか？　そして、その時間は積極的に守られるか？
■どんな行動がリーダーの創造性や気質に大きなダメージを与えるか？
■エネルギーを浪費する仕事を最小限に抑えたり、あらかじめあまり痛手を受けないようにしたりするには、どうすればいいか？
■リーダーを見返りの多い仕事に専念させるには、どうすればいいか？
■リーダーは、他人に任せていいはずの役割を背負い込んでいないか？
■他人に任せることができず、支援が必要なリーダーの中心的役割は何か？

リーダーが自分に圧力をかけて仕事を抱えすぎているのであれば、それがどんな悪影響を及ぼすかを本人に教えなければならない。リーダーが細かなことまで自分で管理しようとするのであれば、もっと信頼してほしいと抗議しよう。またリーダーがそういう調子だからといって、「どうせ最後にリーダーがチェックするから」と手抜きするのは禁物だ。そんなことをしたら、リーダーはますます「自分が全部やらなければ」と思うようになり、労働過重と疲労という負のスパイラルに陥っていく。

勇敢なフォロワーは、リーダーを元気づける一方で意見もする。自分の責任を増やしてリーダーの負担を軽減し、ときにはリーダーと向き合って、その労働過重の原因を探る手助けもする。

コミュニケーション手段の構築

リーダーを支えながら共通目的の達成を図るには、しかるべき組織が必要となる。最も複雑な社会に生きる動物から単細胞生物にいたるまで、すべての生物は組織をつくり、なかでも高等生物たる人類は、ビジョンと価値観と目的を中心に据えて組織をつくる。有能なフォロワーは、リーダーがビジョンや目的を明確にするのを助け、さらには、それらを追求するために必要な組織の創出も助ける。

組織の構造及びプロセスにおいて最も重要なのは、コミュニケーションに関わる部分である。コミュニケーションによって、私たちは組織のほかのプロセスがいかに機能しているかを知ることができる。調査したところ、どんな組織でも、リーダーはメンバーが満足できるようなコミュニケーション・プロセスを築けてはいないようだ。リーダーの役に立ちたいのであれば、コミュニケーション不足に気づかせ、組織のニーズに応えられる正しいコミュニケーション手段の構築を手助けしよう。コミュニケーション・プロセスには、以下にあげるようなニーズに柔軟に対応できることが望まれる。

■リーダーは自らのビジョンを、組織のすべての階層と利害関係者に直接伝えることを求めている。

■利害関係者は自分の意見をリーダーに直接伝えたいと思っている。

■リーダーが情報量に圧倒されないよう、用件を要約したり、返答の準備を助けたりするメカニズムが必要である。

■グループの一部やその周辺が取り残されたりしないよう、情報が組織のどこにでもスムーズに伝えられるようにする。

■階層差別がつくられたり助長されたりしないよう、情報が作業グループのメンバー全員に巡回するようにする。

■情報を自由に循環させる一方で、それが過剰にゆきわたって組織の機能を妨害したりライバルに漏洩したりしないよう配慮する。

■メディアと技術を正しく組み合わせ、どんな状況でもコミュニケーションを促進できるようにする。

■創造性、分散型の意思決定、連携、遂行、評価につながるコミュニケーションを築く。

コミュニケーション・システムのバランスを保つには、継続的な見直しが求められる。そして組織のどのレベルにも情報がタイミングよく届き、リーダーや組織に過度の負担がかからないようにしよう。

アクセスの確保

リーダーへの連絡は、過剰にならないよう調整しなければならない。フォロワーはリーダーを支えたり、自分の役割を果たしたりするために、ある程度リーダーと接触する必要があるし、そのつながりは維持しなければならない。とはいえ、フォロワーは往々にして、リーダーから許されている以上の接触や必要以上の接触を求めがちだ。自尊心に起因する過剰な欲求に注意し、リーダーの時間とエネルギーに余計な負担をかけないよう調整していこう。しかし重要な任務がからんでいたり、リーダーとの関係の構築や維持のために緊密な連絡が必要な場合には、リーダーの地位や忙しさに遠慮する必要はない。

リーダーとの接触のあり方を改善するために、以下のようなガイドラインを心に留めておこう。

■より多くの接触を求める前に、すでに享受している接触の機会が、すべてリーダーの役に立っているかどうかを見直してみる。

■会ってやろうというリーダーの気持ちをそぐような、たとえば冗漫だったり、専門的すぎたりといった自分のコミュニケーション能力の欠点を自覚し、改善するよう努力する。

■接触のあり方を改善するには、重要な問題に焦点を合わせ、周到に準備することが基本だが、それだけで十分とは限らない。

■堅苦しい面談とは違って、リラックスできて、なおかつ生産的で刺激的な交流は、リーダーを元気づけ、もっと私たちと連絡を取りたいという気にさせるかもしれない。

■傑出したリーダーには率直な意見が届きにくいため、率直に話したほうが受け入れられやすい場合がある。

■リーダーが情報を受け取って処理するうえで、いちばん都合のいい方法を知り、口頭や文書、電子メール、図形、経験などを活用して、接触の機会を最大限に活かすようにしよう。

勇敢なフォロワーは自分の判断で意思決定を進めていくので、リーダーとそれほど接触する必要はない。自ら意思決定をするには、自信があることと、外的な条件が整っていることが肝心だが、権威ある人と交渉し、共通目的を支えてもらうのも一つの手だ。リーダーとの結びつきを確かなものにするには、フォロワーとしての能力を十分に発揮することが求められる。適切な接触が保たれていることは、必要条件であると同時に、確かな結びつきの証でもある。

門番としての責任

ほかのフォロワーがリーダーに接触するのを管理する立場にあるフォロワーは、その権限を公平に用いる責任がある。権力の近くにいる人は、しばしば調子に乗って自尊心を膨らませがちだ。門番は、傲慢になったり、リーダーとの接触を求める人たちのニーズに無関心になったりしないよう気をつけなければならない。

リーダーの負担を軽減するために、スタッフとの接触を遮断したり制限したりしなければならない場合、門番は接触を求めるスタッフの立場を考え、よりよい方法を教えてあげるようにしよう。門番は、国境警備隊というよりも旅行者の相談役、すなわち、交通整理、ネットワーカー、世話役のような存在になるべきだ。

門番は、自らの偏見のために、リーダーを反対意見や不都合な情報から隔離してはならない。文化的基準、あるいはそのほかの基準に沿って情報を取捨選択していたら、リーダーに幅広いアイデアが届かなくなってしまう。また情報を伝える際に、「おやおや、またこんな報告があがっていますよ」などと軽蔑するような言い方をして、リーダーに先入観を持たせてはいけない。そのような言い方をするのは、リーダーがすでに持っている偏見に迎合しようとしているか、あるいは、自分の偏見を押しつけようとしているからだ。

門番が情報の選別を歪めたり、リーダーの威光を乱用したりすることは、リーダーと組織に損害を与える。そのような問題が発生したら、勇敢なフォロワーは真っ向から門番に、そして必要ならリーダーにそれを突きつける。有能な門番は門の内側にいる人を守りながら、集団の活気を維持するアイデアを自由に行き来させるが、無能な門番はただぶっきらぼうにドアを閉めるだけだ。

優秀なリーダーは、たいてい多くの要求を受け入れ、慈善、役員会、提携、政治活動、シンポジウム、市民団体などの催しに出席したり、名前を貸したりする。しかし、そうした余分な仕事があまりにも増えると、本来の目的から気がそれてしまう。有能なフォロワーの集団のなかで、門番という重要な役割を一人で背負い込む必要はない。人気者のリーダーを余計な負担から守る対策を皆で講じ、どの招待は受け入れ、どれには代理を立て、どれを断るか、バランスのとれた選択ができるよう手助けする。スケジュールは、リーダーの価値観と優先順位を反映させるものなので、慎重に組まなければならない。

機能的でバランスのとれた少人数のグループでスケジュールを検討し、ぶつかる要求があればよく考えられた基準に照らして一つに絞っていく。基準には以下のようなものが考えられる。

■この招待は、組織が目標に向かって前進するために、どんな機会を与えてくれるか?
■リーダーの価値観に照らし合わせた場合、どのメッセージを受け入れ、どのメッセージを辞退すべきだろうか?
■この要請は、リーダーが時間をかけるだけの価値があるだろうか?　また組織にとってはどんな利益をもたらすだろうか?
■この要請は代理で十分こなせるだろうか?
綿密なスケジュールを立てることによって、リーダーと組織は、共通目的とその達成のための戦略に集中することができる。

リーダーへの衝撃を和らげる

偉大なリーダーは大きな難問に直面するものである。彼らは組織目的を達成する道を模索していくうえで、しばしば執拗な抵抗に遭う。ウィンストン・チャーチルやマーティン・ルーサー・キング・ジュニア、ガンジーの自伝を読めば、彼らが長年にわたって苦闘と挫折を味わってきたことがわかる。市井のリーダーもまた、夢が実現するまで長年にわたって苦労している。

リーダーに悪い情報や根拠のない噂を伝えて、問題をますます悪化させることがないように気をつけなければならない。こうした情報や噂は、外からの圧力や敵意を誇張し、リーダーの過剰反応を招くおそれがある。根拠のない噂をいつもリーダーに流しているフォロワーは、自分の心理的欲求からそうしているのであって、決してリーダーの役には立っていない。

リーダーの不安をかきたてるような「ニュース」に直面したら、以下のことを自分の胸に尋ねてみよう。

■聞かされたことについて、自分は実際に何を知っているか？
■その話は筋が通っているか、それとも、さらに確認する必要があるか？
■事実とその背景の両方を把握しているか？
■もし実際に何か起きていたら、その原因は何か？
■その出来事は額面どおり受け取るべきか、それとも、こちらを陥れようとする計略に沿って操作されたものかを調査すべきだろうか？
■その情報で十分か、それとも、提案するにはもっと情報を収集すべきだろうか？

根拠のある情報だと確認したら、たとえ悪いニュースであってもリーダーから遠ざけてはならない。重要なフィードバックを引き出す可能性があるからだ。悪いニュースを報告するときは、組織の価値観が試される機会と捉えて、それに沿った選択肢をリーダーに提示するようにしよう。

■「これが発生事項ですし、私たちが考える選択肢はこの三つです」
■「一番の得策は……ですが、長期的に見ると私たちの価値観や目的にあまりよい結果をもたらしません。そこで……をお勧めします」

悪いニュースがひっきりなしに耳に届いたら、リーダーは意気阻喪して仕事への熱意を失ってしまうかもしれない。バランスをとるために、リーダーが共通目的に注ぐ努力と意欲がどれほど成功をもたらしているかについて、具体的な事例を知らせることも大切だ。どんなに小さな成功であっても、戦いのさなかにあるリーダーと組織を元気づけることができる。

リーダーを守る

組織のなかにいる人にとっても外にいる人にとっても、リーダーを標的にするのは簡単だ。リーダーは目立つ存在であり、組織とその権威の象徴だからだ。リーダーに対する陰口がしきりにささやかれることもある。仮にその内容が事実だったとしても、そのようなかたちで不満を表すのはよくない。互いへの尊敬の念が失われ、心情的な隔たりが増し、戦略を遂行しようとする活気が失われる。そうした状況に陥ったときは、リーダーを守らなければならない。

まずリーダーの長所を思い出すようにしよう。それはしばしば忘れられたり、当然のことと受け止められたりする。どんな欠点があろうと、リーダーの長所はおそらく組織を団結させ、組織の目的に対して大いに貢献しているのだ。勇敢なフォロワーは、リーダーに対する不満が執拗に語られるようであれば、組織のメンバーにリーダーの長所を思い出させようとする。人間として心から尊敬していなければ、建設的なフィードバックはできない。

周囲がみな愚痴をこぼすようになったときには、自分たちの役割を見直したほうがいい。もしかすると、グループの努力が一向に実を結ばないので、そのいらいらをリーダーに投影しているのかもしれない。自分たちがどうすればもっと責任を担って効果を上げることができるか、それについて分析する必要がある。

とはいえ、愚痴を無視したり抑圧したりしてはいけない。そこには学ぶべきものがあるはずだ。勇敢なフォロワーは不満をこぼす人間に対して、文句を言い散らしていないで、言いたいことを有益なかたちにまとめて伝えるよう促す。

リーダーから守る

権力にはたいてい敬意が払われるので、リーダーのちょっとした言葉が真剣に受け取られることが珍しくない。何げなく言った言葉が「信条」と見なされたり、特別な状況への一時的な措置が通常の手続きの変更と見なされたり、あるいはちょっと不機嫌な顔をしただけで否定の表明と見なされたりしているとわかれば、リーダーは歯噛みすることだろう。

リーダーからの指示が常識に反しているように思えたら、どの階層にいるフォロワーもそれを実行する前に説明を求めるべきだ。当たり前のことなので、わざわざ言及するまでもないが、しかし、自分が何に対して責任を負うべきかがわかっていないフォロワーは、この原則を破りがちだ。

リーダーの側近として働いている人は、リーダーからの情報をほかのメンバーに中継する特別な役割を担っている。ときには変圧器の役目を負うこともある。リーダーから受けとった情報の高い電圧を調整し、電圧レベルの低い下部組織がうまく受け入れられるようにするのだ。リーダーは、たまにしか顔を合わせない人間に話しかけるときも態度を変えようとしないものだが、フォロワーのほうは、あまり馴染みのない人間に話しかけるときは、親しい友人が相手のときよりも慎重になりがちだ。したがって、リーダーに対してその人が抱いている気安さや親しみやすさのレベルに合わせて、リーダーの考えや気持ちや指示の伝え方を調整する必要がある。そのような進行係のような役目を果たすときには、以下のガイドラインが役に立つだろう。

■リーダーのメッセージを希釈してはならないが、そのメッセージが発信された事情を理解すると同時に、受け取る側の事情との隔たりも理解しなければならない。

■情報を伝わりやすくするために、その伝達方法を変更することはあっても、内容を誠実に理解して、核心となるもの、つまり本来の意図がしっかり伝わるよう心がける。

■私たちには、リーダーが伝えようとしていることを相手に理解させる義務がある。もしメッセージが誤った印象を与え、受け入れや指令の遂行を妨げているときには、敏感に察知してその誤解を解かなければならない。

リーダーの指示をそのまま伝えたり、考えずに遂行したりするのは、真のサポートとは言えないが、リーダーを破滅させるには効果的かもしれない。

リーダーの代役を務める

リーダーの側近の行動は、リーダーの価値観と意志の延長と見なされることが多い。リーダーが戦略や社外の優先事項に没頭しているような組織では、側近がリーダーとの主な連絡窓口となり、組織のほかのメンバーに多大な影響を及ぼすこともある。その際、意図的かどうかは別として、リーダーの価値観とずれた状況を生み出すおそれがある。

リーダーの代理として行動する場合には、細心の注意が求められる。それでも、積極的にその役割を果たさなければならない。自分の言動がいかにリーダーの価値観を支え、あるいは損ねるかに細心の注意を払おう。自分本位に権力を行使してリーダーに悪影響を及ぼすと、組織に深刻な損失を与え、ついには自分のキャリアも台無しにしかねない。

たとえば、マネジメントに関して私たちがリーダーよりも厳しい指揮統制をとりがちで、一方スタッフのほうは参加型の経営を望んでいるとしたら、その「采配」は強い反発を招くかもしれない。それが原因で共通目的に対する組織の士気が弱まっていることにリーダーが気づいたら、私たちと距離を置き始めるだろう。

リーダーと歩調を揃えれば、采配にその価値観を反映させ、価値観と目標に一致する行動を是認あるいは実行し、細かなことでリーダーに負担をかけずにすむ。あらかじめ自分が下す決定の範疇をはっきりさせておけば、越権行為は防ぐことができる。ある問題に関して、リーダーを代弁していいかどうか迷ったら、以下のことを自問してみよう。

■過去の同じような問題に対して、リーダーはどんな立場をとったか?
■この問題に関して、リーダーは最近、意見をはっきり述べたことがあるか?
■リーダーは今、この問題についての自分の立場を考え直しているか?
■自分はこの問題について、リーダーと同じ立場だと思われて平気か?
■この問題には、特別な協議が必要とされるような事情があるか?

リーダーの意見を代弁している最中に私情をはさむことのないよう気をつけよう。自分がある問題に対して強い思い入れを抱いているのにリーダーがそうでない場合、勇敢なフォロワーはリーダーの支援を当てにせず、自分の責任のもとにその問題を提示する。与えられた権限を正しく理解し、リーダーと自分の境界をあいまいにして権限を乱用したりしない。

リーダーの個性を宣伝する

多くの活動において、組織の支持者と敵対者は、そのリーダーに対して抱くイメージによって組織を評価しようとする。リーダーが注目と尊敬を集める存在だったら、その組織は目的を達成しやすくなるだろう。

優れた組織は、外の意見に頼らずとも、リーダーのイメージを明確に捉えている。しかし、外部の人間はそれぞれの見方に沿って、あるいはごく限られた経験から、そのイメージを抱きがちだ。自分たちのリーダーの個性を外に向けてはっきり示すには、リーダーの実際の強みや価値観、業績、目標を根拠とするべきである。低いレベルのリーダーシップについてなら、それは簡単で、上司やほかの部署のリーダーに伝えるのと大差ないだろう。しかし高いレベルになると、おそらく組織的な宣伝活動が必要となる。宣伝を成功させるコツは、現実に沿ったイメージのみを用いることだ。リーダーには、自分が提示した価値観に沿って行動する責任がある。私たちには、リーダーがそのように行動するのを手助けする責任がある。

リーダーに完璧さを求めてはいけない。完全無欠のリーダーという幻想をもたらすおそれがあるからだ。しかしながら、本人の同意のもとに世間に打ち出したイメージを守ってほしいと思うのは当然である。リーダーの行動が公に宣伝したイメージとかけ離れている場合は、本人にその問題を突きつけることによって、彼らがそうありたいと願うイメージに近づくよう導くことができる。

次のように、リーダーのイメージをつくる際に留意すべき点がいくつかある。

■世間のイメージと一致しないリーダーの言動を隠蔽してはいけない。
■世間の価値観と個人の言動の食い違いをリーダーに知らせて、その価値観と言動を反省させる。
■リーダーを中傷しようとする人が、リーダーの価値観や強みから逸脱した例外的な言動を捉えて、そのイメージを歪めたりしないよう警戒する。

複雑な人間性をひとまとめにして、わかりやすいイメージをつくりあげるのは危険で困難だが、勇敢なフォロワーはそのニーズを理解し、真実を深く考慮しながらそのプロセスに参加する。

創造性豊かなリーダーとの付き合い方

創造性豊かなリーダーはアイデアの宝庫である。そのようなリーダーは組織にとって大きな価値がある。しかしリーダーの豊富なアイデアを、フォロワーが手当たり次第に実践しようとすれば収拾がつかなくなり、リーダーも組織も疲れ果ててしまうだろう。

リーダーのアイデアがグループの計画に完璧に一致しているならば、フォロワーが創造力を発揮する余地はない。フォロワーの重要な役割は、リーダーが次々と繰り出すアイデアを評価し、共通目的の実現に最も貢献しそうなアイデアを見きわめることだ。アイデアと機会を評価するには基準が必要となる。基準には以下のことが含まれる。

■このアイデアは、自分たちの中心となる使命を前進させるか？
■利害関係者に対する潜在的利益はどれくらいか？

■より利益の高い活動にまわせる資源を浪費することにならないか?
■自分たちの強みや才能を最大限に生かせるか?
■それは、私たちの目的達成を後押しするか?
■深刻なマイナス面や受け入れがたいリスクを伴うか?

本当に価値のあるアイデアを選び出すには、一定のプロセスが必要となる。そうしたアイデアを精力的に実践すると同時に、選ばれなかったほかのアイデアを実践した場合、どのような弊害が生じるかをリーダーに理解させなければならない。

リーダーはおそらく評価プロセスを経た決定を重んじるはずだが、あるアイデアについて、損失があっても推進すべきだと主張するのであれば、勇敢なフォロワーはリスクがよほど高くないかぎり、リーダーの意見を支える。創造性豊かなリーダーの直感が、分析プロセスの先を読んでいることもあるからだ。

選択肢を用意する

人一倍創造性に富んだリーダーでも、状況に応じた選択肢が提示されれば歓迎するはずだ。フォロワーが示した選択肢によって、リーダーが目指す活動の範囲がはっきりすることも多い。こうした選択肢の質は、組織の成功を大きく左右する。重要な問題については、私たちもリーダーも、良策くらいで妥協せず、最高のアイデアを精力的に探し求めなければならない。

選択肢を提示する前に、それが本当に解くべき問題を解いているかどうかをはっきりさせる必要がある。単発的な問題のように見えるものが、実はシステム内の複雑な相互作用の現れであることが多い。私たちは、表面上の問題の解決策を探し求めるのではなく、根本的な問題点を明らかにするための問いかけをしていくべきだ。それには、日本の化学工学者、石川馨が提唱した因果関係図「フィッシュボーン・ダイアグラム」や、アメリカのコンサルティング会社ケプナー・トリゴー社が提供する「状況と問題の分析プロセス」、スティーブン・ブルックフィールドの「批判的思考法」といった、独特なシステムが役立つかもしれない。

勇敢なフォロワーは、次のように、哲学者のような問いかけをすることもある。

■自分は何を知っていると思うか?
■なぜそれを知っていると思うのか?
■自分たちの信念は何を前提に成り立っているか?
■その前提が通用するのはどのような状況下か?
■現在の状況はそれに近いか?
■二つの状況にはどんな違いがあるか?
■その前提にもとづいた例には、どんな成功例があるか?
■どんな不成功例があるか?

■そうした例からどんなことが学べるか？
■それについてまったく違う考え方はあるか？
■新しい考え方から何か学べるものがあるか？
■ほかの分野の類似例を参考にして、さらに自由な発想ができないか？

理想的な世界では、リーダーも組織もこのようなプロセスに抵抗を感じない。抵抗がある場合は、これらの問いを自問し、その答えについて対話を通じて周囲に発信していこう。

ある問題の原因のように見えるものが、さらに深刻な問題の結果にすぎない場合も少なくない。次の「三つの『なぜ』のルール」を使えば、問題の本質をつかむことができる。このルールは、根本的な理由が明らかになるまで、なぜそうなるのか、理由を問い続けるものだ。

■これはなぜ、そうなのか？　答えよ。
■これはどうしてそうなったのか？　答えよ。
■今回のケースはなぜそうなるのか？　答えよ。

立ち向かうべき問題を特定することと等しく重要なのは、「分析麻痺」に陥らないことだ。リーダーはデータが不十分なまま、むずかしい決断を下さなければならないことがある。そのときフォロワーが示すべきなのは問いかけではなく、具体的な選択肢だ。状況がどれほど切迫しているかによって、選択肢を示すのは数分先か、あるいは数カ月先になるかもしれないが、いずれにせよ、そのときには次の「三つの選択肢のルール」が役立つだろう。

■どんな場合でも、よい選択肢を最低三つは考える。
■実行可能な選択肢をいくつか提示すれば、自分に都合のいい選択肢だけでなく、純粋な意味での選択肢をリーダーに与えられる。
■ある選択肢に倫理上の欠点があるとき、ほかに選択肢があればその欠点は見逃されにくくなる。

個々の選択肢のプラス面とマイナス面、利点と危険性をよく検討すれば、最適なものがわかってくるし、複数の選択肢を統合することもできる。勇敢なフォロワーは、リーダーが問題の表面だけでなく根本を理解しようとするのを助ける。そのような根本的理解から明確なビジョンを持つリーダーシップが生まれる。

アドバイスの仕方

フォロワーは、リーダーの周辺に目を配り、質問に即答しようとするために多大な心理的圧力を感じることがある。私たちの文化では、沈思黙考型の賢者より、とうとうと意見を述べる専門家のほうが高く評価される。

勇敢なフォロワーは、リーダーにアドバイスできるのは信頼されている証だと考える。アドバイスする際には、実際に知っていること、直感的にそう思うこと、まったく知らないことをはっきり区別し、大袈裟に話さないよう心がける。その例を以下にあげる。

■「この件は調査済みですので、はっきりと申しあげられますが……」

■「彼らに会ったところ、その件に肩入れしていることがわかったので、そうしないよう勧めました」

■「申しあげられるのは、直感的な判断だけです」

■「すぐにでも取りかかりたいところですが、その前に、徹底した意思決定のプロセスにかけたいと考えています」

■「その件についてははっきりわかりません。よく考えてから報告させてください」

■「その件については経験不足でわかりません。その件に詳しい……にご相談されましたか?」

リーダーの側近として働いている人は、反応を試すために使われることもある。専門知識が欠けていても取りつくろったりせず、聞かれたことに率直に答えよう。

■「そのアイデアにご不満のようですが、違いますか?」

■「私の知るところでは、あなたは慎重な方です。しかし、この件については慎重すぎやしませんんか?」

■「彼は信頼しても大丈夫だと思います。そう思えない理由でもおありですか?」
■「お聞きしたところでは、自信を持たれるのも当然だと思います」
■「どうも納得のいかない点があります。もう少し状況を明確に説明していただけますか?」

このような受け答えをすれば、専門知識に欠けていても、リーダーがむずかしい問題を熟考したり、重要なことがらの準備をしたりするのを手助けすることができる。勇敢なフォロワーは、リーダーにとって自分は重要な存在だという自信があるので、専門知識があるようなふりをして取りつくろう必要はない。

世界を拡げる

リーダーとフォロワーの良好な関係がリーダーの能力を弱める場合もある。側近のフォロワーに安心感を抱くリーダーは次第に、情報収集や助言、フィードバックを彼らにばかり求めるようになる。そのようにして世界が狭くなると、リーダーもフォロワーも視野が狭くなり、斬新なアイデアが得られず、チームの新鮮さが失われる。似たような考えの人としか会わなければ、似たようなアイデアしか生まれない。

選出されたばかりの合衆国大統領の多くは、周囲を親しい友人で固めようとする。その気持ちは理解できる。しかし、それも度がすぎると危険であり、リーダーにとってマイナスに働く。私たちは、経験も考えも性格も自分と似たような人に囲まれていることを望む。彼らは自分を映す鏡であり、違いはその角度だけだ。

確かに鏡は重要だが、物事を認識したり分析したりするには、顕微鏡、望遠鏡、潜望鏡、分光器、赤外線暗視装置など、さまざまな光学器械を状況に応じて使い分けたほうがいい。一種類の器械に頼れば、その器械が得意とするものしか見えない。権限をうまく行使するには、さまざまなレベルのさまざまな見方からものごとを見て、理解することが必要となる。

リーダーの側近は意識していようといまいと、リーダーが相談相手を減らすのを後押ししがちだ。そうすれば自分の権限は強くなるが、そうやって個人の自尊心を優先させると、共通目的がなおざりにされてしまう。自分の権限を弱体化させるおそれがある人を内輪に迎え入れるのは勇気がいるが、以下の観察点とガイドラインに留意すれば、世界を狭める傾向に加担せずにいられるだろう。

■人は誰しも、自分の運命を意のままにできる大きな影響力をほしがるものだ。仕えるリーダーが自分に信頼を置くようになると、自分で自分の運命をコントロールできているように思えてくる。

■リーダーが影響力を強めることを望み、その力のそばにい続けたいと願うために、リーダーの欠点に目をつぶり、効果的なフィードバックを提供できなくなるおそれがある。

■力を手にしたいという本能に反するとしても、リーダーには、側近のフィルターを通さない意見に触れる機会を維持するよう促さなければならない。

■リーダーと自分を周囲の意見から遮断すると、力を乱用したり失ったりする危険性が急増する。

ほかの人の考えを取り入れることによって、リーダーと近しいフォロワーの関係の実態が把握できる。フォロワーは自分の権限が脅かされるという不安を克服すれば、他者の新しい考え方から学び、新しい見方を知ることができる。多様性は、力を賢く利用するために必要なバランスを保たせる。

リーダーと仲間の関係を促進する

リーダーとフォロワーの関係がどれほど順調でも、リーダーとその仲間との関係の代わりにはなりえない。リーダーとフォロワーの関係がざっくばらんなものだったとしても、そこには必ず役割の違いと若干の距離がある。仲間との関係が希薄なリーダーには、そのような関係を築くよう勧める必要がある。特に男性は、仲間とのつながりに気を配るのがへただ。出世の階段を上る過程で、友人を置きざりにし、仲間をつくるどころか、付き合いを絶ってしまうこともある。

リーダーのなかには、専門分野での付き合いがある人もいる。それも大切だが、仕事や政治の活動の一環になりがちだ。そこで彼らが見せるのは社交上の顔である。リーダーには本音が言える関係、自分の強みも弱みも見せられる関係が必要なのだ。

どのリーダーにも仲間は必要だが、聖職者のようにカリスマ性のあるリーダーにとって、特に仲間の存在は欠かせない。そうしたリーダーに対して、フォロワーは献身のあまり目が曇り、欠点が見えなくなるからだ。ここ数年、熱心な牧師や司祭がその聖なる地位から転落した例をいくつも見てきた。勇敢なフォロワーは、カリスマ性のあるリーダーが自分に畏敬の念を持たない人と親しく付き合うよう促す必要がある。

その相手としては、リーダーの別の役割を通じての知り合いや、リーダーが今の地位につくまでの「段階」を知っている人がふさわしいかもしれない。似た立場にあってリーダーに共感し、異なる意見を言える人もいいだろう。あるいは、リーダーは心を割って話せる相手を求めているだけかもしれない。しかし、たった一人の仲間との密接な関係が問題を引き起こすこともある。たとえば、性差別や過度の飲酒といった不健全な傾向を互いに助長してしまうこともある。多様な仲間がいれば、たった一人の仲間による悪影響は避けられる。仲間にふさわしい相手には次のような人びとがいる。

■昔からの友人や親戚
■同じ分野あるいは関連分野の優秀なリーダー
■かつてのフォロワーで、肩を並べられるほど優秀なリーダーとなった人
■リーダーとの関係を回復させているかつての先輩

■仲間のサポートグループ。たとえば、ビジネスリーダーたちが毎月、集まって各々の問題について語り合うようなグループ
■対等の立場でリーダーに話ができるスピリチュアル・カウンセラー、尊敬する作家、コンサルタント

リーダーの社交場の人間関係をお膳だてするのは、フォロワーの役目ではない。しかし勇敢なフォロワーとしては、リーダーが幸福でいられるよう気を配らなければならない。仲間からの孤立は注意すべき危険信号である。

危機管理

危機に直面したときのリーダーの役割は、周囲の状況を落ち着かせ、皆が職務を果たせるようにすることだと言われる。フォロワーにも責任があり、危機を切り抜ける道が示されているかぎり、生産的かつ協力的でいなければならない。状況の展開が急すぎて、リーダーとフォロワーが十分に協議できないうちに行動しなければならないことも多い。そのような困難な状況にどう対処するかによって、信頼と士気が高まることもあれば損なわれることもある。

事前の備えは、危機管理の重要な手段となる。たとえば、リーダーかフォロワーが重要な決定を下す必要が出てきたときを想定してシナリオのようなものをつくっておくこともできる。

緊急時の対応について、自分たちの価値観に沿ったガイドラインを作成し、記録しておくのだ。また、深刻な危機に備えて、リーダーかリーダー的立場の人を完璧に支える準備を整えておくべきだろう。展開の速い状況では、仕事の内容を十分理解できないまま、実行に及ばなければならないこともある。それはとても勇気がいることだ。

通常の意思決定支援プロセスが中断されたら、できるだけ早く回復させよう。緊急に対応するためにやむをえず協議を省略したとしても、今後、危機的状況が頻発した際にそれが当たり前にならないよう、注意しなければならない。危機が再発するのは管理が甘い証拠であり、そこを分析して改善する必要がある。

いくつもの危機が繰り返し起こるのと、一つの危機が長引くのは別の話だ。たとえば、一つの欠陥製品が発端となった訴訟が何年も長引いて悪評が立つというような継続的な危機は、なんらかの管理ミスの結果であり、ずっと以前に修正できたはずである。ミスの影響が長引き、苦境が続けば、リーダーや組織の士気は下がるおそれがある。一人ひとりが自分を守ろうとして、組織が分裂してしまうかもしれない。リーダーがストレスのために、矢面に立つ力や組織を結集させる力を失いかけたら、フォロワーがその埋め合わせをしなければならなくなる。

リーダーを支え組織を団結させるには、以下のような働きが求められる。

■危機を乗り越えるために組織の目的を再確認する。

■危機に対するストレスによって、リーダーの職務をこなす能力が危うくなっていたら、リーダーの通常の負担や危機によって増えた負担を軽減する。
■風評被害や衝撃を減らすための取り組みの進展と今後の予想をメンバーに率直かつ十分に伝える。
■組織内に、危機を処理するために訓練を受けた集団を置き、ほかのメンバーは通常の仕事に専念できるようにする。
■この危機をよいきっかけとして組織の自己評価を進め、根本的な原因を改善する取り組みを始める。
■深刻な時期を乗り越えたら、組織に傷跡が残らないよう手助けする。

危機の最中にリーダーに代わって組織を率いたとしても、その権限が正式に認められたものでない場合は、危機が去った後すみやかに手放そう。これを怠ると、混乱と不信が生じかねない。危機をうまく処理できる組織は、リーダーとフォロワーの絆をいっそう強めることになる。それが下手な組織には痛ましい傷跡が残るだろう。

リーダーが病気になったとき

リーダーのストレスは大きく、心理的代償はもちろん、肉体的な代償もある。薬物中毒やアルコール中毒は特に問題だが、潰瘍、高血圧、偏頭痛もまた、リーダーの仕事に支障をきたし、リーダーゆえの心的圧力で悪化することがある。病気の種類によって治療期間も合併症もさまざまだ。六週間で治るライム病から、心臓発作の後遺症、癌との闘いや進行性認知症にいたるまで、どの病気もフォロワーに難題をもたらす。

深刻な病気はどの年齢でも発症するが、年をとるほどかかりやすくなる。幹部職には経験豊かな年配の人が多いので、リーダーの病気は私たちが考える以上に一般的なことである。リーダーが病気になった場合、近しいフォロワーにはさまざまな難題がふりかかってくる。リーダーはより多くの支援を求めるようになり、新たな問題も起こるだろう。

低いレベルのリーダーシップで問題となるのは、たいていの場合、リーダーの不在中、どうやって現状を維持させるかということや、回復に必要な休養がとれるようリーダーの負担をどの程度軽減させるかということである。緊急時と同様、フォロワーは責任と権限をどこまで引き受けるべきかを決めなくてはならない。

一方、高いレベルのリーダーシップでは、厄介な問題が生じてくる。医者と相談しながら、リーダーの生活における治療と、ビジネスあるいは政治上の優先事項とのバランスを調整する必要が出てくる。国家元首には通常、専属の医者がついている。ほかの政府高官や著名人、裕福な実業家たちも、懇意の医者がいる場合が多い。ときには側近が医者と口裏を合わせて、リーダーの病状を世間から隠さなければならないこともある。病気や痛みや薬のせいで心身に損傷を受けているリーダーにむずかしい決定や重要な交渉、負担の大きい仕事を任せるのは、非常に危険なことである。旧ソ連は解体までの数年間、リーダーたちのこうした状況に苦しめられ、フランクリン・ルーズベルトも最期の数カ月間、体調が悪化するなか第二次世界大戦を終結に向かわせた。

病身のリーダーを支えるときには、以下のガイドラインに留意しよう。

■私たちはまず、共通目的と組織が仕える相手に対して責任を負うべきである。

■合わせて、痛みと不安を抱えているに違いない病身のリーダーの安寧に対しても責任がある。

■リーダーが自分の病状の深刻さを認めない場合は、認めるよう促し、利用可能な治療施設に向かわせよう。

■ほかのフォロワーが私たちの支援を必要とするように、リーダーの主治医も私たちの支援を必要としているかもしれない。

■リーダーがある期間、組織を離れる場合は、組織が機能できるよう責任と権限の所在を明確にさせなければならない。

■リーダーが治療に専念するためには、自分と組織の利益が保護されているという安心感が必要である。

リーダーの闘病中、側近が組織をまとめることができなければ、組織は進むべき方向を見失う。一方、組織をうまく編成しなおし、リーダーの留守を埋めることができれば、そのあいだも目的に向かって前進できる。チームが状況をコントロールできているとわかれば、リーダーの病気という機会を悪用しようとしていた人はそれをあきらめるだろう。

病気はリーダーとフォロワーを試す。それも人生の一部である。受け入れて、医学的に組織的にも対応しなくてはならない。リーダーの病気に直面した場合、勇敢なフォロワーは、リーダーと組織の両方を守るために精力的に活動する。

リーダー同士の対立

アフリカには、「象がけんかをすると、草が痛い目にあう」ということわざがある。組織の目的を追求する際には、当然ながら対立が起きる。うまく扱えば、それは生産的なものになるが、目的のためとは名ばかりで、実は個人の自尊心が原因になっている場合も少なくない。そのような対立は害をもたらす。市民団体のリーダーや組合長、政府のトップなど、なんらかの成果を目指して大きく貢献してきた二人の強力なリーダーのあいだに対立が起きれば、大勢の人が被害をこうむるおそれがある。

縄張り争いは、リーダーの一方に多大な損害を与える場合がある。それによって勢力を広げていく人もいるが、往々にして縄張り争いは創造力を吸い取ったあげく、評判や組織に傷を残す。こうした有害な対立を避けたり、早期に終結させたりする機会は、リーダーに最も近いフォロワーが握っている。

交戦中のリーダーは、自分の立場を支えるようフォロワーに圧力をかけることがある。忠誠心という観点から見れば、そうすべきだと思われるかもしれないが、その圧力に負けると共通目的に害が及ぶ。私たちには、リーダーが組織のためになる道を見つけるのを手伝うというもっと大きな責任があり、その責任を果たすことが本当の意味でリーダーのためになることである。問題を大局的に見るために、以下の点をリーダーに尋ねてみよう。

■この状況でそれぞれのリーダーにどんな利益があるのか？　利害関係者にはどんな利益があるのか？
■続いている対立は、これらの利益にかなう最良の手段なのか？　それとも、別の手段があるのか？
■対立がエスカレートしたら、どんな危険があるか？
■リーダーたちが共通の足場にできるのは何か？
■自分たちは対立を悪化させるような行動をとっているか？
■その件に関して、それぞれのリーダーは相手に何を放棄させようとしているのか？

場合によっては、自分のリーダーに尋ねるだけでは不十分なことがある。敵対するリーダーの行為（公の場での告発、虚偽の申し立て、謀略）は、自分たちのリーダーを厳しい立場に追いつめるまで続くかもしれない。この場合、相手の陣営が、一丸となってそのリーダーの挑発的行為を支持していると決め込むのはまちがっている。実際は、相手側の少なくとも数人のフォロワーは、リーダーの激情を静めようとしているはずだ。

したがって、対立をなだめる力は私たちフォロワーにあると言える。猛々しい雰囲気のなか、「敵」との対話を勧めることには勇気がいるが、最良の方法は、対立の緩和について相手側のフォロワーと率直に話し合うことだろう。敵対する両陣営のフォロワーがともに頭を働かせれば、リーダーたちの有害な対立を鎮めて、縄張り争いによる損失を避けられるかもしれない。そうすれば、それぞれの組織の目的にとっても、リーダーにとってもよい結果がもたらされる。

検査を受けさせる

リーダーがミスを犯したら、勇敢なフォロワーはそれを見つけて修正する手助けをする。しかし、予防策を講じたほうがリーダーをより支援できる。

自分では健康だと思っていても、健康診断は定期的に受けたほうがいい。毎日鏡を見れば、健康かどうかだいたいわかるが、ちゃんとした健康診断を受け入れればもっと詳しいことがわかるし、病気の早期発見にもつながる。健康診断では特別な機器を用いて、感覚だけでは見つけられない異常を発見する。

それと同じくリーダーも、自分が組織にどのように貢献しているかについて検査を受けたほうがよいのだが、上級のリーダーが勤務評定を受けるシステムはほとんどなく、下級リーダーに関しても、勤務評定を下すのは上司であって、彼らが仕える相手ではない。

リーダーにとって、検査を受けるのは勇気がいる。何が見つかるかわからないからだ。悪くすると、深刻な病が隠れているかもしれない。しかし、癌や心臓病への恐れから定期的に健康診断を受けるのと同じく、権力の腐敗という懸念があればこそ、リーダーシップには点検が必要である。権力や人間関係に関する問題も、早期に発見されれば改善できる可能性は高いが、放置して悪化させると回復はむずかしい。

人事部や外部のコンサルティング会社には、検査に使えるさまざまな方法が用意されている。それはリーダーの言動をリーダー自身とほかの人がどう感じているかを測定するものだ。フォロワーはリーダーにその利用を勧めよう。幅広い観点から得られたフィードバックは、高精度のバイオイメージング・テストのように、リーダーシップ力学のさまざまな断面を明らかにし精査する。

リーダーがこうしたタイプの検査に慣れていない場合も、勇敢なフォロワーは検査を受けるよう強く主張する。検査によって得られる情報をきめ細かく分析し活用すれば、強力な予防策となって、リーダーと組織を未然にトラブルから救うことができる。

リーダーを支える方法はたくさんある。勇敢なフォロワーは、さまざまな手段を思いのままに利用する。いずれのケースでも動機となるのは、共通目的に対する責任とリーダーへの敬意である。

より良い関係の構築

突きつめれば、フォロワーがリーダーに影響を及ぼせるかどうかは、両者のあいだに築きあげられた人間関係の質によって決まるのではないだろうか。そのような人間関係の構築には一つのパラドックスが存在する。リーダーとのあいだに望ましい関係を懸命に築いていくというのは戦略的な行動だが、人間関係というものは戦略的行動から生まれるものではなく、誠実に相手を思いやり、さまざまな経験をしながら、互いに理解と信頼を築いていく過程で生まれ育まれるものである。

人間関係は強制できるものでもなければ、思いどおりにできるものでもない。気を配って慎重に育てるものであるはずだ。また人間関係は、相手が望む姿を演じて築いていくものではない。自分を偽れば必ず見抜かれ、しっぺ返しを食らう。そんなことをすれば、信頼できない人間だとリーダーに直感的に見抜かれてしまうだろう。自分が何者であり、何を支持するかをすべて明かすことになったとしても、私たちは本来の自分でいなければならない。他者に対しても、共通目的に対しても、私たちは自分自身でいなければならないのだ。

こうした忠告はあいまいでわかりにくく思われるかもしれない。というのも、偽りのない人でいることや、他人と偽りのない関係でいることに決まったやり方はないからだ。通常私たちは、それをただ自然に実行しており、そうすることで個人として有能になると同時にリーダーの有能さも高めている。

しかしときには、能力の高いフォロワーがリーダーとの人間関係をうまく築くことができず、その力を十分に発揮できていない場合がある。それがリーダーの偏見のせいだとしたら、フォロワーにはどうしようもない。しかし、たいていの場合、原因はフォロワーの性格の一部とリーダーとの関わり方にある。たとえばリーダーを喜ばせようとしすぎたり、説明が長すぎたり、細かいことにこだわりすぎたり、政治的に重要な同僚とけんかばかりしていたり、むきになりすぎたりといったことで、数えあげればきりがない。早めにフィードバックを求めたり、話し合って素直に反省したりすれば、そうした欠点をいくらかは改善できるだろう。しかし、自分を客観視し、自分のどんなやり方がリーダーとの信頼を築く妨げになっているかを見きわめるのは、簡単なことではない。

もう一つの解決法は、リーダーの信頼を得ることに成功している人をよく観察することだ。もっと「ありのままの」自分になれという先ほどのアドバイスと矛盾しているように思えるかもしれないが、自分を知るには他人との比較が必要なこともある。外国を旅して、その文化に触れて初めて自国の文化の特徴に気づくのと同じである。

時間はかかっても、リーダーの信頼できるパートナーになるために、自分と他人に関することで注意すべき点をいくつかあげよう。

■リーダーと共通目的の両方の役に立ち、それをリーダーに喜んで受け入れられているのは誰か？

■彼らはリーダーにどんな貢献をして認められているか？
■自分のアプローチとどう違うのか？
■リーダーへのアプローチの質を改善できるコツを彼らに学ぶことができるか？
■自分が気づいたことを自分の現状に取り込む方法はあるか？
■この変化を取り込んで、無理なく維持するには何が必要か？
■リーダーを支えるための努力がたいてい、あるいはときどき好評だとして、それが自分の成功にどう役立つのか？　どうすれば、より役立てることができるのか？

リーダーに仕えるためには、目的が必要である。しかし、目的だけでは十分ではない。約五〇〇年前にイタリアの外交官で作家のバルダッサーレ・カスティリオーネが述べたように、フォロワーがリーダーの気分や行動に重大な影響を及ぼすための基盤を築くには、リーダーに奉仕し、それが理解され、評価されなければならない。

カスティリオーネは、仕えるということは技術だと知っていた。技術は、意欲と訓練によって上達する。勇敢なフォロワーになろうとするなら、リーダーへの奉仕の仕方に無頓着ではいけない。自分の役割のこうした側面に誇りを持ち、可能なかぎり気を配り、一貫性を持って実行しよう。

他人にうまく仕えている人は、そのニーズの大小にかかわらず、相手が何を求めているかにとてもよく気を配っている。よいリーダーは、自分はフォロワーの役に立つべきだと知っているし、勇敢なフォロワーもリーダーを大切にしている。そして両者とも、共通目的のために技術を駆使しながら忠実に働いている。

第4章◉異議を申し立てる

リーダーに耳を傾けさせる

リーダーをしっかり支えているフォロワーは、リーダーの行動が共通目的を脅かしているときには、強い立場から異議を申し立てる。異議の対象は言動と方針に大きく二分できるが、よりむずかしいのは言動に対して異議を申し立てることだ。そうするには真の勇気がいる。

私が以前所属していた非営利組織は資金繰りに困っていたが、企業家でもある常任理事が、新しく設立した営利事業のマーケティング部門にその組織を組み入れる計画を立てた。彼は投資会社から数十万ドル集めていて、それが両方の組織のニーズをかなえるよい解決策だと考えたのだ。

彼の説明を受けたとき、私には軽率な決断に思われた。その新規事業はニッチ市場向けのソフトウェア開発を目指していたが、完成には一、二年かかりそうだったし、成功の保証もなかったからだ。非営利組織のほうは資金繰りに困ってはいたが、以前にも資金調達に成功した実績があった。ここで免税資格を手放してしまったら、それも不可能となり、立派な目的を持つその組織を潰してしまうことになりかねない。

私はその組織ではまだ新人だったが、常任理事に向かって臆することなく自分の意見を述べた。言いたいことが言えたのは、なんら私情が絡まなかったからだ。常任理事は私の意見を聞き入れて計画を保留した。その新規事業は数年後に破綻し、一方、非営利組織はありがたいことに持ちなおして、数十年たった今でも順調に活動している。

逆のケースとして、大企業で働いていたときに出会った影響力の強いリーダーは口が悪く、長年にわたってさまざまなリーダーに仕えてきた私でも耐えられないほどだった。ほかの部署のスタッフを四六時中けなしたので、それらの部署は共通目的から気持ちが離れてしまった。

このリーダーは組織内に多大な政治力を持ち、かなり威圧的な性格だった。私もほかの部署の一員だったが、信頼されていたので、その人が大いに必要としていたフィードバックを伝えることが可能だった。けれども私は、個人的な言動に対する批判というかなりむずかしいフィードバックをする気にはなれなかった。

この話は二つの不幸な結末を招いた。一つは、私もやがてそのリーダーの信頼を失って、「ほかの部署」への攻撃の犠牲者の一人になったことであり、もう一つは、そのリーダーが周囲の士気を喪失させ続け、組織を違法行為に巻き込んだあげく起訴され、会社を解雇されて収監されたことだ。もし、異議を申し立てる勇気が私にあったなら、この一連の流れを変えられたのではないだろうか。それは単なる可能性にすぎないが、「可能性」があるなら試す価値があるはずだ。

献身的なリーダーとフォロワーは、共通目的の追求のためにある種の神聖な契約を結び、両者とも共通目的の守護者となる。勇敢なフォロワーの役割の一つは、リーダーがこの契約を守る手伝いをすることだ。リーダーの不適切な言動に異議を申し立てなければ、その契約は私たちの目の前で破り捨てられるだろう。黙って見ている時間が長いほど、契約はどんどん無効にされていく。

リーダーに立ち向かわなければ、共通目的が害されるだけでなく、リーダーに対する私たちの尊敬の念も失われていく。そうなると、両者の関係は悪化し、効果的なフィードバックがしづらくなる。世間が見ているのはリーダーの魅力的な表の顔だけだが、結婚生活と同様で、すぐそばにいる人に見えるのはそれほど魅力的ではない部分だ。共通目的を脅かすリーダーの言動に対する懸念を押し殺していると、やがてリーダーの才能と意欲は見えなくなり、魅力のない部分ばかり目につくようになる。そうならないようにするのはパートナーの責任である。

企業のコンサルティングをしていて気づくのは、残念ながらほとんどの企業で、スタッフは仕事の能率を上げるための要求をリーダーに伝えていないということである。会議の数や時間を減らしたり、指示を少なくしたりして、みなが重要な仕事に集中できるようにしてほしいといったごく当然の要求であっても、である。

おそらくリーダーたちは、そうした要求が自分に届いていないことを知れば非常に驚くだろう。なぜなら、そのほとんどは害にならないうえに、一考に値するものだからである。私たちフォロワーは、このようなレベルのプロセスと方針に対する異議は、正当なものであれば、リーダーに持っていくようにしよう。そうすれば組織の業務は改善され、リーダーとの関係にも誠実さが増し、いずれ起きるかもしれないもっとむずかしい個人的な問題に対処する準備もできるだろう。

自尊心が強く、成功に不可欠な情熱的なビジョンを持っているリーダーは、自己欺瞞に陥りやすい。精力的なリーダーのなかには、成功することしか眼中になく、マイナスの情報が耳に入らない人もいる。部下の重要な役割は、リーダーのこうした自己欺瞞を最小限に抑えて、現実をわからせる方法を見つけることだ。自分には透視能力があると思い込んでいるリーダーに現実を見せるのは、勇気のいる厄介な仕事である。

この章では、私たちが言わなければならないことにリーダーが耳を傾けてくれるよう、うまく気持ちを伝える方法を紹介しよう。効果的なフィードバックと、熟慮の末のタイムリーな忠告を可能にする環境をどのように整えるかを論じるつもりである。勇敢なフォロワーとして、集団思考に埋没したいという思いを克服して声をあげることの大切さだけでなく、フォロワーが遭遇し、対処しなければならないリーダーの有害で不適切な言動についてもいくつか検討する。

私たちが立ち上がる勇気を得ると、リーダーも最初のうちは落ち着かない気分になるかもしれないが、やがて私たちが自分の味方であることに気づくだろう。

適切な言動

リーダーがその地位にあるのは、さまざまな強みを持っているからである。その強みの多くは組織にとって、とても価値がある。しかし、現時点では組織に必要とされていない、少なくともリーダー自身が必要だと考えて行使しているほどには求められていない個性もある。たとえば組織が誕生した当初、リーダーの強烈な個性は役に立ったとしても、今では協調性が求められているかもしれない。しかし、もしリーダーが、自分の言動が過去の成功をもたらしたと思い込んでいたら、現在の役割においても同じ言動に頼りがちになるだろう。

フォロワーと同じように、リーダーも自分の行動は正当で、だからこそそうしていると信じている。しかもリーダーの場合は歴然たる証拠があり、そのリーダーシップのとり方が正しかったからこそ今の地位につけたのだ。しかし、そうした信念は自省を阻む壁となる。

彼らは、現在の状況が、かつて自分のアプローチで成功できたころの状況とは違うことに気づいていない。時と場所が違えば適切だったかもしれないある行動が、今ではおそらく不適切になっているのだ。たとえば、トップが現場に直接関わろうとする行政手法は、小さな州の知事には向いているかもしれないが、知事が一国の大統領に選ばれたら、その手法には限界があることを悟らなければならない。

かつてはうまくいったリーダーシップのとり方が環境の変化に対応できず、何か問題を発生させていたら、それをきっかけとして、そうした変化についてリーダーと話し合うことができる。リーダーに言動を見直させる機会としてそれを利用するのだ。もし、そうした問題が多発し、リーダー自身も悩んでいるようだったら、そばにいるフォロワーは、リーダーを次のような思考プロセスへと導くとよいだろう。その際、形式にこだわる必要はない。

■リーダーが最大の成功をおさめたときの状況は、どのようなものだったか?

■リーダーはそのとき、何をして成功にいたったのか?
■そのときの状況と現在の状況では、どんな共通点があるか?
■どんな相違点があるか?
■その相違点はどれほど重要か?
■リーダーは過去の状況で使ったのと同じ戦略を使っているか?
■その戦略は以前と同じくらい効果があるか?
■状況が異なる場合、何を変えれば結果が改善できるか?

この穏やかなアプローチは、リーダーに有効な方法とそうでない方法、つまり、現在の状況にふさわしく効果がある方法とそうでない方法を検討するよう促す。こちらは意見を返さず、ただ質問だけをして、現在のリーダーシップが招いている結果をリーダーに分析させるのだ。巧みに質問することは、不適切な言動に対する異議の唱え方としては最も穏やかだが、その効果は非常に高い。

フィードバックの準備

フィードバックを得ることは、自己発見に大いに役立つ。行動を起こして、その効果を観察し、役に立つことと役に立たないことを知る。特に若いときは、この手法が有効である。

しかし、成長して自己イメージが固まってくると、そのイメージに反するフィードバックを排除するようになる。学んだり成長したりするより、自己意識を守ることのほうが大切になるのだ。また、外向きの顔をつくり、それを維持しようとするようになる。企業のCEOや学校の校長、軍の司令官、マネージング・パートナー、政治家といった公の立場にある人にとって、世間体を守ることは何よりも大切なことのようだ。フィードバックは何層ものフィルターにかけられ、残るのは自分の自己イメージが正しいことを証明するメッセージのみとなる。

せっかくフィードバックを返しても、リーダーが聞こうとしなければ意味はない。勇敢なフォロワーの役割は、リーダーが必要なフィードバックを受け入れられるようにすることだ。敬意が伝わり、真摯さの大切さをリーダーに思い起こさせるような穏やかな言葉で意見を述べていけば、相手の自己防衛を最小限に抑えることができる。

■「私があなたの業績に敬服していることはご存じかと思います。ですから率直に申しあげますが、どうぞお気を悪くなさらないでください」

■「私があなたの計画を尊重していることはご存じかと思います。ですから、きっと私には正直でいることをお望みのはずです」

リーダーは、そのフィードバックが自分の望む結果につながるもの、意欲を湧き立たせてくれるものであれば、より注意を払う。彼が望んでいるのは昇進、利益、再選、それとも名声だろうか。そのなかには、おそらく共通目的と重なるものも含まれているはずだ。言動や方針に関するフィードバックが、自分が重視しているものに影響するとわかれば、リーダーはイメージを守りたいという衝動を抑えて、その意見に耳を傾けるようになる。

■「あなたがなさっていることは、……（リーダーが重視していること）に影響を及ぼすと思います。私の意見を申しあげてもよろしいでしょうか？」

■「その件に関する私見を申しあげたいのですが、それはあなたが達成しようとなさっていることにとって重要なことだと思います」

リーダーの自己防衛を解くもう一つの方法は、同様の問題に対する苦労を分かちあうことである。両者の立場には、相違点だけでなく共通点もある。そこから共感が生まれれば、リーダーはそのテーマについて話し合う気になるかもしれない。

■「……については私も同じような経験をしたことがありますから、あなたが直面なさっている問題も理解できます」

■「……のときは私も同じように感じましたから、あなたのお考えには共感します」

普通、リーダーの方針に関するフィードバックは、言動に関するフィードバックよりも返しやすいものだが、いつもそうとは限らない。悲惨な結果をもたらしかねない方針に固執するリーダーもいる。もし、リーダーがほかの見解に耳を貸そうとしないようならば、以下のようなアプローチをとってはどうだろう。

■「お伝えしなければならないことがあります。お聞きになりたくないかもしれませんが、ぜひ、聞いていただかなければならない理由があります」

■次に、リーダーが聞かなければならない理由を述べる。そのなかには、リーダー自身の利益や目的への影響の予測も含まれている。

■リーダーが関心を寄せて多少なりとも心を開いたら、方針に関する意見だけを述べる。

フィードバックを効果的に行なうには、リーダーにそれを受け入れる準備をさせなければならない。

効果的なフィードバック

実際にフィードバックするときは、準備段階と同じく注意しなければならない。フィードバックのやり方がまずいと、こちらの気遣いが理解されないばかりか、攻撃していると誤解されかねない。リーダーは身構えて反撃するだろうし、それ以上のフィードバックは不可能となる。

否定的なフィードバックは、特定の言動や方針に対してなされるべきであって、リーダー本人にその矛先を向けてはならない。「みなが怖がっています」と言うのではなく、「笑顔をお見せにならないと、みなが不安になります」と言ったほうがよい。リーダーは人間性を変えることはできないが、言動を改めることはできる。ときどき笑顔を見せるようになれば、周囲の人もリラックスできるだろう。

言動に関するフィードバックをするときは、具体的に言うべきである。

■問題となるのはどんな言動か?
■その言動がどんな悪影響を及ぼすのか?
■その言動が続いた場合、どれほど深刻な結果が起こりうるか?

自己防衛を緩和させるには、フィードバックを受ける側の行動について述べるのではなく、与える側の気持ちについて述べたほうが効果的である。つまり、「あなた」ではなく「私」を主語にするのである。

■「あなたの方針では悪影響が出ます」ではなく、「私の調査によれば、この方針ではなんらかの悪影響が出ます」と言う。
■「情報を隠蔽なさるとは、あなたは不誠実な人です」ではなく、「私は正直さを重んじます。したがって、私たちが持っている情報はただちに公表すべきだと思います」と言う。

「私」を主語にしたほうがより真実味があり、効果的だ。非難しているように聞こえないので、自己防衛を招きにくい。

当然ながら、そして逆の立場なら自分もそう思うはずだが、微妙な問題はリーダーと二人きりのときに提起するのが望ましい。しかし、傑出したリーダーの周囲には常に人がいるので、一対一になるのはむずかしい。人払いを求めるか、あるいは割り切って他人の面前でフィードバックすることになるだろう。

リーダーが内省しすぎないよう、フィードバックはほどほどにしておかなければならない。リーダーシップには外側や前方を見ることが求められる。健全な人間関係を築きたいなら、批判一つに対して褒め言葉を五つ入れるよう助言する人もいる。五つ必要かどうかは別として、この原則は正しいように思える。四六時中、否定的なフィードバックを与えられれば、やる気も失せて、内にこもってしまうだろう。

あらゆるフィードバックを受け入れて、すぐ変化を起こすことをリーダーに求めるのは適切でないし、現実的でもない。第一、フィードバックがすべて的を射ているとは限らない。内容は正しくともタイミングが悪い場合もあるし、リーダーが方針を曲げるべきでない場合もある。そもそも誰かの意見を聞くたびに考えを変えるようなリーダーでは、その役割を果たさない。

リーダーとフォロワーの関係において、フィードバックは重要かつ扱いのむずかしい要素である。このスキルを磨いてうまく使えるようになったフォロワーを持つリーダーは、運がいい。

情報のインプット

フィードバックは過去の行動に対してなされるが、アドバイスは検討中の行動に対して行なわれる。

リーダーは、自分が下した個々の決定について幅広くアドバイスを求める必要はない。しかし、その決定が影響を及ぼす領域でなんらかの役割を担っている人からのアドバイスは、有益かつ重要である。ある活動の責任を負っている部下は、その活動に関わる決定について当然、助言を求められるべきである。この件については、なんらかのポジションを引き受ける前にはっきりさせておいたほうがよく、そうしなければならない場合もある。

しかし、フォロワーのアドバイスが端から無視されることもあり、そんな場合はリーダーと協議しなければならない。通常のケースでは、すでに下された決定を覆そうとするのではなく、今後の行動に関する原則を協議することが大切である。理想を言えば、リーダーとフォロワーの二人だけで原則を決めるのではなく、その影響を受ける人が一人残らず納得できる取り決めが望ましい。その協議をうまく進めるには、効果的なフィードバックをするためのルールが役に立つだろう。

うまく事前の協議を実現させてリーダーの同意を得られれば、部下は意見を言いやすい立場に立つことができる。

■「それは実に興味深いアイデアです。おかげさまで、ますます関心が深まりました」

■「それは、いくつかの部署に影響を与えそうな面白いアイデアですね。スタッフ・ミーティングで検討してはどうでしょう」

■「それは重要なポイントですね。ほかの意見を求めて、私たちが何か見落としていないか確かめてみます。その後、改めて報告いたします」

■「それは期待できそうですね。でも、その戦略の変更を上層部の会議で再検討することに私たちが同意した際、あなたが一方的な行動をおとりになったことは残念に思います」

■「困ったことになりました。私たちがつくりあげた計画からはずれた行動をあなたがとり続けられるのでしたら、私もチームのほかのメンバーも、あなたが求めるような独創的なアイデアを提供することはできません」

自分たちスタッフの意見と参加に価値があることをリーダーにわからせるのは、フォロワーの責任である。リーダーは非常に洞察力がある。部下が何かにこだわっていたら、たいていはそれを無視したりしないものだ。

間接的に異議を申し立てる

リーダーにフィードバックやアドバイスを容易に受け入れてもらえる環境が、常につくり出せるとはかぎらない。リーダーがフォロワーとの対峙に脅威を感じる場合もあれば、フォロワーの意見を軽視している場合もある。問題のある考え方や言動に異議を申し立てようとするとき、ただ警告するのではなく、リーダーの関心を引く方法を見つける必要があるかもしれない。往々にして問題は、リーダーが一つのアイデア、解決法、あるいは見解に固執するところにある。過去の例を見ても、そうした固執によってリーダーの目は曇り、破滅にいたっている。

リーダーが選択肢とそれがもたらすはずの結果を検討するのを、勇敢なフォロワーは正しい手段によって手助けする。手段がいくつもあれば、そのなかで有用なものを用いて、リーダーから自己防衛ではなく対話を引き出し、その考え方や言動に間接的に異議を申し立てることができる。

どんな手段を用いるにしても、目的はリーダーを少しでも客観的立場に立たせるところにある。そこから始まる探求のプロセスでは、計画の欠点を見つけ出し、失敗に耐えうる方法を考え、可能性を高め、あるいはより良い代案を見つける。リーダーの視野を広げるために、以下のような簡単な質問をしてみよう。

■「このような事態に関して、納得がいくような別の解釈はありますか？」
■「この状況に対する別の見方はありますか？」
■「この状況に対して、少々違う見方をしている人はいますか？」

もう一つの間接的なアプローチは、第三者がリーダーの方針や言動に対してするかもしれない質問を提示することだ。直接異議を申し立てるのではなく、内輪のメンバーではない非協力的な人から異議申し立てを受けたときに備えて、リーダーに準備させておくのである。フォロワーは、「予期される質問」がうまくできるようになるだろう。

■「……という懸念に対しては、どう対応しましょうか？」
■「それは、……に対する私たちの価値観に矛盾しているように思われませんか？」
■「……はそれをどう解釈するでしょう？」
■「……という非難にはどう反論しましょうか？」
■「利害関係者は、私たちにどのような代替案を考えてほしいと思っているでしょうか？」
■「私たちがほかにどんな選択肢を考え、なぜそれらを却下したかについて聞かれたら、なんと答えましょうか？」

いったん対話が始まれば、リーダーとフォロワーが根底に抱えている問題が表面化し、選択肢が検討され、強みと弱みが比較され、予想される結果が分析される。もともと異議申し立てに心を開いているリーダーにとっても、「予期される質問」はその立場を明確にわからせてくれるだろう。

反射的な拒絶を避ける

新しいアイデアやフィードバックを反射的にはねつけてしまう人もなかにはいる。どんなアイデアでも関係なく拒絶される。これは、「うちには合わないから」症候群の一種だ。世慣れた人なら、間髪入れずにこう言うかもしれない。「それはとっくに試してみたが、うまくいかなかったんだ」。これは反射的拒絶ではないとしても、よく考えたうえでの却下とは言いがたい。たとえ、本当に試したことがあるとしても、そのときとは状況が変わっているかもしれないし、成功に導くやり方があるかもしれないのだ。頭ごなしに「それはだめだ」と言われては、アイデアを検討することも、その改善を図ることもできない。

アイデアを「反射的に拒絶する」のは単にリーダーの悪い癖かもしれず、フォロワーの努力によって改めさせることができるかもしれない。もっとも、ほかの癖といっしょで、それには時間がかかるだろう。もしリーダーが反射的に拒絶するタイプの人だとわかったら、「反応を遅らせる」戦術を試してみてはどうだろう。

■自分たちの見解や提案を手短に告げる。
■会話を長引かせず、その件について考えておいてくれるようリーダーに頼み、もっと踏み込んだ話し合いの可能性を残す。
■リーダーがいつものように反射的に拒絶しようとしても、とにかく考えておいてくれるよう頼む。
■即答や即断を求めたり、受け入れたりしてはいけない。

しばらくしてリーダーがその問題を持ち出したり、私たちが提示したアイデアを検討して率直な態度を示したりしても、驚くことではない。リーダーは当初、私たちの提案や要求を「白か黒か」という枠組みでしか見ようとしなかったが、判断を委ねられたことでそうした枠組みから離れ、自問することができた。反射《リフレックス》を離れ、内省《リフレクション》へと移ったのである。リーダーのほうから持ちかけてこない場合は、こちらからまた提起することができるし、それで成功する場合も多い。

フォロワー自身にアイデアやフィードバックを即座にはねつけてしまう傾向があるなら、これと同じ方法が使える。すぐ反対する代わりに、「それについては考えさせてください」と言ってみてはどうだろう。実際に考えてみれば、そのなかに役に立つものが見つかることも多い。

集団思考からの脱却

異議を申し立てるべき相手はリーダーだけではない。勇敢なフォロワーは、組織全体の考え方にも立ち向かわなければならないときがある。なかにはもめごとばかり起こしている組織もあり、彼らは外からの助けがなければ共通目的に集中しようとしない。

一方、結束力が強い組織では、メンバーはしっかり支え合い、組織に強さをもたらすが、その結束力の高さが災いすることもある。そのような組織では、親密な支援が高じ、その危険性を顧みずに全員一致を求めるようになるおそれがあるのだ。意見の一致が中心目的よりも重視されるようになり、暗黙のうちに最優先事項となる。組織の方針や活動と食い違うアイデアは、提案されるとしてもその声は弱々しく、反対の声があがればたちまち撤回される。こうした現象は「集団思考」と呼ばれる。

集団思考の特徴は、自分たちの組織は絶対に正しく優秀だという自己イメージを持っていることだ。「自分たちがすることはなんでも素晴らしく、ほかの組織がやることは劣っている」と思い込んでいるので、そのイメージに反する情報や見解を排除し、意見の異なるメンバーをやんわりと追い出す。自分たちの組織は賢くて重要な存在だと思い込み、力とイメージにこだわるようになる。そして、何が起きても平気だという錯覚に陥る。

政治や経済の歴史には、こうした集団思考が招いた悲劇が数多く見られる。権威主義者のリーダーシップという明らかな横暴さに取って代わるのは、集団思考という、より捉えがたい横暴さである。

勇敢なフォロワーは定期的に、組織とそのリーダーに以下のことを自問するよう促さなければならない。

■最近、自分たちと似たような組織を客観的に比較検討したか？　それとも、自分たちのほうが優秀だとやみくもに信じているのか？

■成果を正しいものさしで測っているか？

■そのものさしは、自分たちの価値観とされているものと一致しているか？

■自己評価だけを頼りにしているのか？　それとも自分が仕えている相手に評価してもらっているか？

■目的を達成させる新しい手段を模索することに無関心になっていないか？

■ほかの組織は、こちらでも検討しなければならないような斬新なことを始めていないか？

■自信過剰のせいで、リスクのあるアイデアを厳しく評価しようとせず、警戒信号に注意を払わなくなっていないか？

■新人は従来のやり方に従うよう強制されていないか？　自分たちは新人から学んでいるか？

■自分たちに影響するはずがないと思い込み、環境の変化を真剣に受け止めていないのではないか？

集団思考は自己検閲を招き、自分の考えが組織の考えと異なる場合、それを認められなくなる。つまり、自分独自の考え方への責任を放棄してしまうわけだが、それは恐ろしい誤りである。組織のほかのメンバーが組織の現状を受け入れていれば、現状が自分たちの理想からかけ離れていたとしても、自分の不満を打ち消さなければならなくなるからだ。

集団思考を打開するには、自分を信頼することが必要である。自分を信頼することは、自分が正しいと信じることではない。自分の存在には意義がある、自分の視点は鋭い、自分は現実をわきまえている、自分の考えには意味があり重要だと信じることである。

そのような個人こそが集団思考を打開し、結束力のある組織とそのリーダーに対し、組織のアイデアや行動を現実に照らして検証させることができる。私たちは自らの「内なる声」に耳を傾けなければならない。

■ほかのメンバーが受け入れているように見えるものに対して、自分は不快感を抱いていないか?
■ほかの環境にいたらとうてい受け入れないようなことを受け入れてはいないか?
■期待に反する情報を過小評価していないか?
■誰にも共感してもらえそうにないという理由で、自分の視点にもとづく行動を避けていないか?

自分が感じていることをはっきり口に出す自信がないなら、とりあえず提起して、他のメンバーの反応を観察することもできる。その反応は自分の懸念を解消させてくれるだろうか、それとも強めるだろうか。他のメンバーやリーダーがこちらの懸念をあっさり退けるようなら、警戒し続けなければならない。誠実に対処してくれたら、おそらく集団思考の心配はないだろう。

最終決定に従う責任

リーダーの方針に勇気を持って異議を申し立てたにもかかわらず失敗した場合、どんな立場からその方針の実践に関わることになるだろう。

その方針は、自分だったら選ばないものかもしれない。こちらが困惑するようなリスクを伴うものかもしれない。成功のチャンスがごくわずかに思えるかもしれない。しかし、それらは自分の見解であって、正しいかまちがっているかはわからない。リーダーには、フォロワーには見えない未来が見えている可能性もある。いずれにせよ時間がたたなければ、結果はわからないのだ。こうした状況で、フォロワーはどんな責任を果たせばよいのだろう。

このリーダーの部下でいようと決めていて、その方針が自分の良心に反するものでなければ、それを実践する責任がある。リーダーの判断が正しいと確信できないまま従うためには、リーダーにすべてを委ねる勇気が求められる。しかし、私たちには少しでも成功に近づくよう努力する責任がある。その計画がなんの創意工夫もないまま、いいかげんに遂行されて失敗するのを黙って見ているのではなく、自ら精力的にさまざまな工夫を凝らしていくべきである。

私たちは、方針を決める段階で異議を申し立てることはできるが、実施段階に入ったものを妨害する権利はない。政治の世界では、上層部の方針を妨げたり、サブグループの方針を推し進めたりするための機密漏洩がしばしば起きる。リーダーの努力を邪魔する人は、もはやフォロワーではない。敵である。

私たちには敵になる権利がある。しかし、フォロワーの立場と態度を保ったまま、反対も表明せず、ひそかに妨害行動を起こしたら、組織に大損害を与えることになる。信頼が損なわれ、組織はばらばらになるかもしれない。集団思考とは逆の状況である。派閥や内部衝突を生じ、組織は弱体化、あるいは分裂し、共通目的の追求どころではなくなるだろう。

ただやみくもに従えば、盲目的な集団思考に陥ってしまう。かといってまったく従わなければ、秩序は崩壊する。もし組織内にリーダーの方針をひそかに妨害するような行動や情報の漏洩が横行しているようなら、その根本的な原因を探る必要がある。

- 方針決定のプロセスにおいて、率直な意見や多様な意見は嫌がられるので、方針に不満を抱くメンバーは口をつぐんでいるのではないか？
- 組織の文化として、方針決定のプロセスが軽視されがちで、その決定が覆されやすいのではないか？
- チームの決定に従いそれをサポートすることに、本心では抵抗を抱いているメンバーがいるのではないか？

方針決定の際に意見を述べる機会が少なく、それで不満が生じているのなら、リーダーにその改善を申し入れるべきだろう。もし方針決定のプロセスが信頼に足る開かれたものであるなら、リーダーを助けて、そのプロセスを軽視する人に抗議したり、それを重視する方向へ雰囲気を改善したりするべきかもしれない。

深刻な意見の相違があれば、勇敢なフォロワーが勇敢な敵になることもある。もっとも、あまりにも抑圧的な支配体制のもとでは、フォロワーが妨害活動をすることはできず、よって勇敢さを求められることもないだろう。

迅速な異議申し立て

方針だけでなく、自分たちの価値観を侵害し、共通目的を弱体化させる言動についても異議を申し立てなければならない。価値観の崩壊は突如として起きるわけではない。たいていは個人の価値観が徐々に崩れ、やがて大きな崩壊へとつながっていくものだ。非営利組織のトップによる財源の私的流用は、往々にしてほんの少額から始まり、ついには重窃盗罪にいたる。価値観の冒涜が小さいうちに是正できればいいが、その時期を逃せば、坂道を転がり落ちるようにモラルは一気に低下していく。権力の乱用が当たり前になると、それを正す機会が激減するばかりか、正そうとする気持ちもはなはだしく萎えてしまう。

リーダーにとても肯定的なイメージを持っていると、そのイメージと一致しない言動を見ても、すぐに正当化しがちだ。リーダーが優秀な戦略家だと、その優秀さに目がくらみ、重要な細部を見逃してしまうおそれがある。しかし、リーダーの行動に違和感を覚えたら、イメージと食い違うからといってその感情を片づけてしまうのではなく、感じたままを受け入れる必要がある。

権力の乱用を見つけたら、早いうちに異議を申し立てるのは、とても重要なことだ。

■組織の価値観にそぐわない言動に出会ったら、それが常習化する前に、即刻、異議を申し立てるべきだ。

■異議は、自信を持って理路整然と唱えなければならない。優柔不断な態度だと、そうした言動を認めているように思われる。

■フォロワーが断固とした態度で適切な異議申し立てをすれば、その勇気と誠実さが尊敬を集め、やがてリーダーも耳を傾けるようになる。

■リーダーの誤った言動に異議を申し立てるのが遅れると、その言動は容認されて常習化し、異議申し立てをしたフォロワーは厄介者か危険人物と見なされてしまう。

権力の乱用がすでに常習化している場合、リーダーとフォロワーの関係に足を踏み入れたばかりの新人は、その状況を変えるか、あるいは自分のほうが変えられることになる。不正が常習化しているときに状況の改善を図るのはむずかしいし、ときには危険を伴う。しかし、組織を心配し、支えようとする意志を異議とともに伝えられれば、一石を投じることができる。

■「私は新人ですから、外部の人の視点で見ることができます。そういう視点からここの現状がどう見えるかを、ぜひご理解いただきたいと思います」

■「ここでは、ある慣例が普通と見なされているようですが、改善しないと部署全体に迷惑が及びます」

■「私は、組織が抱える問題を処理するために雇われたものです。その問題に取り組んでみて、さらに深刻な問題を見つけました。不愉快なお気持ちにさせてしまうかもしれませんが、ぜひお聞きいただかなければなりません」

誠実でありたいのなら、方針にそぐわない腐敗に出会ったら、たとえそれがささいなものであってもすぐに声をあげ、行動を起こすべきだ。そうした道義上の小さな傷は、見過ごされればやがて大きな穴となり、共通目的を呑み込んでしまうおそれがある。

言葉遣いへの異議申し立て

勇敢なフォロワーは、リーダーの行動だけでなく、その言葉遣いにも注意を払う。言葉は、行動の裏にある信念をかたちづくるとともに、それを明らかにする。軽蔑的な言葉を浴びせられたら、次には石が投げつけられると思っていい。

組織や個人を軽蔑するような言葉で評するのは、人間性を無視することであり、そこには虐待的な行為を容認する環境が生まれる。「ユダ公」「ニガー」「役立たず」「売女」といった差別用語はリンチやレイプの引き金になってきた。現代ではそのような言葉を公の場で用いるとすさまじい非難を浴びるが、私的な場ではまだ使われている。そうした言葉は徐々に消えつつあるが、いまだに「自分たち」と「彼ら」という差別的な感情を生み出し、虐待を正当化している。

行動だけでなく、言葉遣いに関してもリーダーと対峙する勇気が必要である。リーダーは私たちの懸念をあざけり、自分の言葉に「別に深い意味はない」「悪気はない」と言い張るだろう。しかし、実際はそうではない。リーダーに侮辱的な言葉を使わないよう求めるのは、理にかなった建設的な異議申し立てができる関係を築くうえでとても重要である。これも、早期に異議を申し立てるべき例の一つである。

リーダーが「巻き添え被害」「再配置センター」「ダウンサイジング」といった婉曲表現を用いた場合、そこにどのような不快感が込められているかを、使った本人に考えさせなければならない。リーダーの言語表現を問うことで、奥に潜んでいた価値観の対立が表面化し、分析できるようになる。文の主語と述語が違っただけでも、それによって行動の責任があいまいになるようなら異議を申し立てるべきだ。

■リーダーが、「そんなことをしてしまって申し訳ない」ではなく、「こんなことになって残念だ」と言った場合。
■「私はその方針を支持する」ではなく、「私たちの方針に変わりはない」と言った場合。
■「きみたちの要求を却下した」ではなく、「予算は認められなかった」と言った場合。
■「爆撃して一般市民を殺した」ではなく、「爆撃で一般市民が犠牲になった」と言った場合。

言葉の用い方について、リーダーをやり込める必要はない。自分が今耳にした表現と、それに伴う不快感を穏やかに指摘するだけでいい。リーダーはその話し方が染み込んでいて、問題があるとは気づいていない場合もある。私たちは、言葉が考え方に影響したり、感情を隠したり、メッセージに色をつけたりすることに気づく機会をリーダーに与えているのだ。

歴史は権力の乱用をあいまいにする言葉に覆われている。勇敢なフォロワーは、リーダーや組織に対して、行動と、その行動を正当化しようとする言葉に責任を負うことを求め、その姿を写す鏡を掲げ、反省を求める。

傲慢なリーダー

異議を申し立てることが必要なリーダーの態度や言動はさまざまである。なかでも傲慢さはよく目につく。傲慢なリーダーシップは、組織に害をもたらす。一見、強さの表れのようだが、実は脆弱さの裏返しなのだ。傲慢なリーダーとともに働いた経験のある人なら、彼らがどれほど周囲への寛容や尊敬に欠けるかをよく知っているだろう。傲慢なリーダーは、自分は部下とはできが違うのだという根本的にまちがった信念を抱いている。自分とほかの人が同じだということに気づかない彼らは、人生を通じて人の役に立とうという心意気に欠け、小手先の技術だけでキャリアを積んでいく。

傲慢なリーダーの側近として働いているフォロワーは、リーダーの言動による影響を食い止めなければならないが、それは簡単なことではない。傲慢なリーダーは、しばしば部下にほかの部下の悪口を言う。その結果、みな、自分の立ち位置がわからなくなり、ひたすらリーダーのご機嫌をとるようになる。内輪での立場を固めることができるのなら、自分もいっしょになって中傷したいという気になるかもしれない。しかし、早晩、その中傷の矛先が側近グループ全体に向けられることに気づかなければならない。

以下のような封じ込め作戦を試してみてはどうだろう。

■より強力なチームを築いたほうがよいと進言する。リーダーは自尊心ゆえに、自分にはもっと強力なチームが必要だと同意するに違いない。

■そして、互いに中傷し合うことはチームを弱体化させると告げる。

■次に、チームメンバーにお互いを誹謗させないという、単純ながらとても大切なことをリーダーに約束させる。

■人を傷つけるような言葉を抑制すれば、リーダーのまわりの雰囲気は変えられる。傲慢の炎も、やがて燃料を失うだろう。

いったん約束を取りつけたら、リーダーがふたたび人を中傷したときには不快感を表明することによって、約束を守るよう促すことができる。

■「なぜそんな行動をとったのか尋ねようにも、当の……さんはここにいませんので、この件に関する話し合いは別の機会にしませんか?」

■「それについてはどうも調査が不十分なようです。私が調べて後ほど報告します」

■「彼らの考えに異議を唱えるべきか自信がありません。こちらが彼らに何を求めているかを重点的に考えてみましょう」

■「部下の欠点をくどくどと繰り返さないことを約束していただきました。この業績に対する責任は、まず上級管理職である私たちが自問すべきでしょう」

このように、言動を改めることによって、その根底にある態度を変えられる場合もある。共通目的の達成を目指すなら、ぜひ試してみよう。

怒鳴りつけるリーダー

リーダーがしょっちゅう怒鳴っているようなら、やはり異議を申し立てる必要がある。怒りを爆発させれば周囲の人は怯え、人間関係にひびが入る。仕事は片づくが、その代償は高くつく。

人を怒鳴りつけるリーダーの強みは目標に注ぐ情熱の強さで、それゆえ、暢気に構えている部下につい活を入れたくなるのだろう。部下もそれはよくわかっている。わかっているからこそ、怒鳴りつけられてとても不愉快な気持ちになっても、強気のリーダーといっしょにいられるのだ。

しかし、あまりたびたび怒りを爆発させられると、部下の自尊心は傷つき、リーダーとの絆も弱まる。汚い言葉で厳しく叱責されれば、創造的な挑戦の気持ちは萎えてしまうだろう。メンバーが萎縮してしまっては、革新的なチームはつくれない。

リーダーが虐待的な態度をとれば、フォロワーはショックを受けたり、腹を立てたりする。怒鳴りつけるパターンが定着し、リーダー自身それをコントロールできなくなっていることにフォロワーは気づかない。

フォロワーだけでなく、怒りを爆発させたリーダーも内心は動揺していることが多い。リーダーが我を通すために怒りを利用しているのは確かだが、必ずしも怒りをコントロールしているとは限らないのだ。組織の目標を達成するための正当な怒りをぶつけているつもりかもしれないが、実際は違う。怒りを抑えきれないだけなのだ。だから、人前でスタッフを激しく非難しないという取り決めがあったとしても、それを守ることができない。

したがって、新しいリーダーには怒鳴りつけるパターンを定着させないよう気をつけなければならない。もし、そのようなことが起きたら、即座に異議を申し立てるべきだ。人を怒鳴りつけないことを信条としていても、リーダーの立場になると、ついついそれが緩んでしまう。リーダーになると、現実の圧力も、心的圧力も強くなる。その両方が原因となってリーダーは部下を怒鳴りつけるようになり、早期に阻止しないと、そのパターンが定着してしまう。そのような態度がすでに定着している場合は、新しく部下になった人は同じルールに従い、初めて自分に攻撃が向けられたときにそれをやめさせなければならない。

フォロワーは冷静さを保ち、怖気づかず、リーダーのかんしゃくを野放しにしないようにしなければならない。事態をそれ以上悪化させないようにうまく対処すれば、リーダーに自制心を取り戻させることができるだろう。権力を持つ人に直接怒鳴りつけられると、叱られている子どものような気持ちになるが、大人の姿勢を持ち続けることが重要だ。そのためには態度、視線、声の調子、言葉遣いすべてに注意を払う必要がある。

■「[『ジョン』、『ブラウンさん』、あるいは『ボス』(リーダーに対するいつもの呼び名で)]、私はこの件についてあなたと話し合いたいと思っています。あなたにとって、これは明らかにとても重要なことです。ですが、こんなふうにお話ししたくはありません」

■リーダーの気持ちが静まらない場合は、次のように。「あなたが落ち着くまでしばらく時間をおきましょう。後ほど、ご心配なさっている件についてもう一度お話しします」

■ときには大人同士の力のバランスを取り戻すために、リーダーを怒鳴りかえさなければならないこともある。しかし、それは最善の方法ではない。

注目すべきなのは、人を怒鳴りつけることで有名なリーダーの側近にも、決して怒鳴られたことのない部下がいるということだ。あなたが毅然とした態度で、敬意を持って接してほしいと異議を申し立てれば、あなたに対する虐待行為はおさまるかもしれない。それでもリーダーがほかの人に対して虐待行為を続けていたら、勇敢なフォロワーは断固たる姿勢で、リーダーの不適切な言動を改めさせることができる。攻撃の直接の対象でない部下は、心理的に強い立場から対処できる。

リーダーが若手に向けて怒りを爆発させている最中であっても、仲裁に入る方法はいくつもある。その例を以下にあげる。

■しっかりとした口調で話し、攻撃されている人を別の場所に移動させる。「失礼します。そのお怒りはただごとではありませんね。実際に何があったのか、私に事実確認をさせてください。数分後に戻りますから、別室で彼と二人で話をさせていただけないでしょうか?」

■リーダーと二人だけで話をしたいと、その場で頼む。二人きりになったら、先ほどの態度について抗議する。「お怒りになる理由があるのはわかります。でも、あのようなふるまいは、あなたにも組織にもマイナスです」

このように仲裁に入れば有害なパターンは断ち切られ、自分が第三者の目から見れば受け入れがたいふるまいをしていることをリーダーに認めさせることができる。異議を申し立てることが鎮静効果をもたらし、リーダーがそのような態度をあまりとらなくなることもあるだろう。リーダーが自分を抑えたり、そうした過剰反応を改めたりするのに、さらに助けを必要とする場合もある。そのケースについては、次の章で検討しよう。

人を怒鳴りつける人と仕事をした経験は、たいてい誰にでもある。そのようなふるまいをする人は大勢いるが、タバコや葉巻の煙と同様、時代が進むにつれて受け入れられなくなってきている。さらに、受動喫煙が及ぼす健康被害と同じく、訴訟好きなこの国では、それがもとで訴訟も起きている。仕事を片づけさせるには、怒鳴りつけるより健全な方法がいくらでもある。

私的な問題への介入

リーダーの私生活に何か破壊的な行動が見られたとしても、口出しするのははばかられる。しかしその行動が、組織とそれを取り巻く社会の価値観に反する場合は、私的なことだからと切り離して考えるわけにはいかない。リーダーの行動が信頼を傷つけ、共通目的の達成を阻むおそれがあるのなら、異議を申し立てなければならない。

リーダーへの異議申し立てのなかでも、私的な問題は特に微妙である。金銭にからむ不正、不貞、セクシャル・ハラスメント、薬物乱用などはすべて感情が深く絡む問題だ。リーダーはとげとげしい態度をとり、部下には関係のないことだと言うかもしれない。私たちには一歩も引かない覚悟が必要となる。

■「本来なら、私が口を出す問題ではありませんが、このまま放っておけば、組織の目的とあなたの地位が危うくなります」

■「内密にしておきたいお気持ちはわかりますが、すでに広く噂になっている以上、話し合いが必要です」

■「私も、好き好んで話し合いたいわけではありませんが、私たちの仕事の目的すべてが、危険にさらされているのです」

■「もし、この件が新聞の一面に載ったら、あなたも組織も一大事です。そうなる前に話し合いましょう」

リーダーの行動に対しては、自身や家族をひどく傷つける行ないが発覚したときのように、怒りを感じたり裏切られたと思ったりするかもしれない。とても微妙な問題がリーダーや組織の歯車を狂わせるおそれがある場合、リーダーを攻撃したり孤立させたりせず、私たちがどんなに心配しているかを伝える必要がある。

就任したてのリーダー

どの地位にいるリーダーも、フォロワーが異議を申し立てなければならないような問題をいろいろ起こすものだが、特に新たに就任したばかりのリーダーは、自分より組織が長く、細部にまで精通している部下の特別な支援を必要とすることが多い。さらには、ときに特殊な状況が発生し、部下は支援だけでなく異議も唱えなければならなくなることがある。

昇進、指名、選出などによって新しいリーダーが就任した場合、急激な変化が起こる可能性がある。別世界の住人となった彼らは、これまでとは違うふるまいを見せ、これまでとは違う扱いを受けなければならないと思い込む。

就任したてのリーダーは、すべて初めての体験ばかりなので、自分の行動の手本となるものを心の奥底で求める。それは現実に存在する人かもしれないし、さまざまな人の個性の寄せ集めかもしれないし、架空のものかもしれない。正しいかどうかは別として、ほかの幹部の行動を真似するかもしれない。これまでその下で働いてきたリーダーで、しかも自分が嫌っていた人の真似をすることもある。極端な場合、自分の現状とかけ離れた、特殊な状況に置かれた歴史上の人物の行動を手本にしている場合もある。そんな人は、もっと現実味のある手本を見つけないと、無意識のうちに誤った、あるいは不適切な手本に頼ってしまうおそれがある。

たとえば、アメリカ連邦議会で新たに選出されたある議員は、自分のスタッフに対してとても失礼な行動をとっていた。あるリーダーシップ開発プログラムでその点を指摘され、彼は自分が何十年も議会に君臨している党の重鎮のまねをしていること、あるいは、その人物が自分のオフィスではこうふるまうだろうと想像して、それに倣っていることに気づいた。

不適切な行動規範に倣えば、周囲に不穏な雰囲気が生まれる。新しいリーダーが突如、人が変わったようになり、これまでとはまったく違う、独裁者じみたふるまいを始めることがある。新しい地位につけるよう尽力してくれた人たちとも距離を置き始め、権力を得てすっかり「のぼせあがってしまった」ように見える。

こうした事態が起きたら、そのリーダーが誰を手本にしているのか、早急に問いただす必要がある。

■「どのリーダーを評価していますか？　彼のリーダーシップのどこを評価していますか？　そのやり方がここに合っていると思われますか？」

■「リーダーシップについて考えたとき、何を思い浮かべますか？　それは、あなたがこの組織に求める価値観に合っていると思われますか？」

■「ご自分の新しい役割について、どう思われますか？　何を根拠にそう思われるのですか？　ほかの人の反応を観察されましたか？」

行動のモデルについて話し合えば、リーダーは自らの行動が妥当かどうかを見直し、その結果を観察することができる。それができて初めて新しい役割を適切にこなし、共通目的に貢献することができる。

独自の計画を持つリーダー

新しいリーダーは、その地位に付随する計画とは別に、独自の計画を持っていることがあり、一方、古くからいるリーダーが、在職中に自分なりの計画を立てることもある。独自の計画自体は悪くなく、むしろ有益な場合もある。それが動機となってリーダーが目前の仕事にはげみ、目標達成に邁進するなら、間接的に組織の役に立っていることになる。リーダーが、自分と社会を結びつける別の組織に携わっているなら、やはり組織にとってプラスになる。

リーダーの独自の計画が組織の役に立たない場合もあるが、それがすべて組織にとって害となるわけではない。人生においてなすべきことは多く、人間はさまざまな興味と意欲からなる美しいモザイクのような存在である。しかし、リーダーがほかの計画に力を入れすぎるようになると、組織に悪影響を及ぼす。以下にその例をあげよう。

■CEOが、ほかの委員会の活動や社外での講演活動に時間をかけすぎるというように、リーダーがほかの計画に力を投じすぎて、組織の要求に応えられなくなる。

■本の執筆や選挙への立候補など、リーダーが夢中になっている個人的な計画のために組織の資源が乱用される。
■買収を繰り返して会社を拡大するといった計画にリーダーが執着するあまり、組織の資源が浪費され、主要な目的に注ぐべき力が奪われる。
■官僚が定年後に就職したいと思っている会社に便宜を働くなど、リーダーに密かな計画があると、共通目的にしわ寄せがくる。

勇敢なフォロワーは、リーダーが共通目的を犠牲にしてほかの計画を追求していることに気づいたら、即刻、異議を申し立てる。リーダーがほかの計画に夢中になっているのなら、その目的に専念できるよう、リーダーシップを他者に委ねるよう促すか、あるいは、思いきって抗議し、必要とされるエネルギーを共通目的に注ぐよう軌道修正させるべきかもしれない。

自分の上司に異議を申し立てないリーダー

フォロワーが直面する最もやっかいで、最もありがちな問題は、上司が自分の上司に言うべきことを言わないことである。階級がずっと上の上司が組織に理不尽な圧力を加えたり、無理な方針に従わせたり、組織の目的にとって絶好の機会をふいにしたり、倫理的に疑わしい活動に従事したりしているとき、勇敢なフォロワーならどうするだろうか。

典型的な対応としては、直属の上司の目をその問題に向けさせる。しかし残念ながら、やはり典型的な結果として、「上と話し合ってみよう」とか「次の会議で取りあげよう」という頼りない口約束で終わることが多い。その後の経過を調べてみると、そのような話し合いは実現しておらず、本気で向きあったり解決したりする意志もないまま、うやむやにされてしまうことが多いようだ。

ゆえにフォロワーは、「この問題はもっと追及すべきなのか。もしそうならば、どのようにして？」という難問に突きあたる。たいていの場合、直属の上司をさしおいて、その上の上司に重要事項を相談するのは禁物とされている。勇敢なフォロワーとしてはどうすればよいだろう。

まずは、自分と直属の上司との力関係を分析しなくてはならない。フォロワーは上司に問題を持ちかけたが、上司はそれを上層部にきちんと伝えなかったとしよう。フォロワーは、うるさいやつと思われるのを恐れたり、同じことを言ってもどうせ無駄だろうと失望したりして、その問題を再び提起する気持ちにならなくなるかもしれない。まさにそういうときこそ、真の勇気あるフォロワーシップが必要となる。

それが重要な問題だと思うなら、フォロワーは再度、積極的に上司に提起しなければならない。自分がどれほど真剣に案じているかをもっとはっきり伝え、上のレベルにうまく伝える方法を指南し、それでも上司がその気にならなければ、道義的に責任があることを自覚させる。上司に行動を約束させるには、次のような言い方が有効だろう。

■「それがどれほど微妙な問題であるかは承知しています。けれども、……という理由から、どうしても対処しなければなりません」

■「私が大袈裟に考えすぎているとお思いなら、その理由をお聞かせください。そうでなければ引き下がりません」

■「以前ご相談したときには、この問題を提起することに同意してくださったはずです。そのための戦略を練るのをお手伝いします」

■「その会議に同行して問題を提起させていただけるのでしたら、その準備はできています」

■「私が直接その問題を提起してもよろしければ、そうおっしゃってください」

■「失礼ながら、あなたが……に関する問題の提起を避けたのは、これが初めてではありません。今、提起しなければ、次にあげるような結果に対処しなければならなくなります」

■「大いに尊敬するあなたに隠れて事を進めることはできません。ですから、これ以上行動を起こさないおつもりなら、私は直接、行動に出るつもりですが、その内容をこれからお話しいたします」

肝心なのは、上層部で起きている危険をはらむ動きについて、直属の上司に報告しただけで責任を果たした気になってはならないということである。その地位がどれほど高くても、上司が重大な判断ミスを犯していることに気づいたら、勇敢なフォロワーは立ち向かっていく。効果的な行動を起こそうとする、こうした試みがうまくいかなかった場合、フォロワーは次にとるべき行動を選択しなければならない。組織には、ほかにも頼りにできるものがある。どんな場合でも、組織の共通目的や基本的価値観は、社風より重んじられるはずだ。つまり目的と価値観は、組織の構造に優先するのだ。

勇敢なフォロワーは、組織そのものを危険にさらすような言動や方針に異議を申し立てるために、自らさらに上の人の関心を引かなければならないこともある。必要とあらば、ためらわずに実行する心意気は、勇敢なフォロワーシップの精神になくてはならないものだ。

自分の姿も見つめ直す

他者に対して意味のある異議を申し立てるためには細心の注意が求められ、それは正当な主張でなければならない。誰でも自分の欠点より人の欠点のほうが目につきやすいものだが、フォロワーとリーダーの関係においても同じことが言える。

失敗をお互いに相手のせいにしようとするリーダーとフォロワーは、自分にはまったく責任はないのかと反省してみる必要がある。自分の責任に気づき、それを理解し受け入れることができれば、お互いが自分の役割を見直す作業をより効果的に助け合えるようになるだろう。

リーダーに異議を申し立てる前に次のことを自問してみよう。

■自分はどれだけ客観的になれているか？　この問題に自分の自尊心は絡んでいないか？

■リーダーに感じている「不満」は自分の行動様式から生じるものであって、リーダーのせいではないのではないか？
■リーダーに対して過剰な期待を抱いているせいで、必要以上に批判的になっていないか？
■それは本当に重要な問題なのか？　それとも自分が大げさに受け止めているだけなのか？
■相談に乗ってくれているリーダーの信頼を裏切らないために、話しておくべき個人的な計画はあるか？

他人を見るより自分の姿をはっきり捉えることのほうがむずかしいものだ。異議を申し立てようとするときに、自信がなかったり、前にも似たような感情を抱いたことがあると感じたりしたら、リーダーに異議を申し立てる前に、第三者の意見を聞いたほうがよいかもしれない。人間関係における勇気は、まず偽りない自分の姿を見つめ直すところから始まる。

第5章 ◉ 変革に関わる

人は変われないか

残念なことに、有能なリーダーが失脚するときには、しばしば同じ経緯が見られる。ごく身近にいるフォロワーがリーダーの致命的な欠点に以前から気づいていながら、改善させられなかったのだ。リーダーの欠点は周囲に気づかれないよう注意深く隠されているので、露呈したときには組織の大半の人間には予想外の衝撃を与えることになる。しかしリーダーの側近たちは、日ごろからずっとリーダーの言動に振りまわされ、どう対処すべきか仲間内で話し合っていたはずである。

政治の世界では、リーダーが自ら破滅すればトップニュースになる。歴史をふりかえってみても、その事例は経済界より多い。いつの時代にも、恥辱のうちに公職を退いたり、選挙で惨敗したり、もっと悲劇的な結末を迎えたりしたリーダーがいる。ほとんどは、その時代の人にもすぐに忘れ去られてしまうが、何人かは派手に炎上し、少なくともしばらくは話題の的になる。

アメリカでは、人権活動家だったワシントンDC市長のマリオン・バリーが、深夜、ホテルでドラッグ・パーティーに参加しているところをおとり捜査官に逮捕され、コカイン常習が暴かれて実刑判決を受け、アメリカの首都の恥を世界にさらした。彼はリチャード・ニクソン元大統領と同じ轍を踏むのを恐れて裏工作を行ない、それが国政を揺るがす事態に発展して、結局、辞職に追い込まれた。裏工作についてどうにか刑事訴追を免れたのは、後継者の尽力で大統領恩赦を受けたからだ。

また、ビル・クリントン元大統領は、長年にわたって私生活や政治生活を脅かす危うい行為を続けながら、巧みにその影響をかわしてきたが、ホワイトハウスの実習生モニカ・ルウィンスキーとの関係について声高に虚偽の証言を行なったとき、ついに政敵の術中に陥った。この一件で彼は大統領の職を失いかけ、確実に評判を落とした。次の選挙で政党の議席数が減ったのも、おそらくは彼のせいだ。

教会、経済界、警察や教育システムといった政府系機関などのリーダーにも、最近、似たような事件が増えている。一つの好ましくない行動パターンのせいで、リーダーの才能を失ってしまうとは、なんと残念なことだろう！　そのほとんどのケースでは、そこにいたるまでにリーダーの危険な行動に異議を申し立てようとして無視され、反論され、約束を反故にされ、側近から疎外された人がいたに違いない。これらの実例を見れば、異議を申し立てる勇気だけでは必ずしも十分ではないことがわかる。

その人の価値をはなはだしく傷つける言動は、深く染み込んだ心理パターンや耽溺癖の現れかもしれず、そうなると言動を改めるよう進言するだけでは、改善は望めない。とりあえず忠告しておけば、あとはリーダーの言動が共通目的にどう影響を及ぼそうが、こちらの責任ではないと言うことはできない。一度、異議を申し立てたからといって、あとは呆れ顔でふんぞり返り、「だって聞いてくれないんだよ！」などと言ってすますわけにはいかないのだ。リーダーの心に届くアプローチの仕方や、有害な言動を改めさせる方法を探す必要がある。

それには、いくつかの理由で勇気が求められる。第一に、状況がどれほど深刻か、組織の活動がどれほど危険にさらされているかを自分の目で確かめなければならない。加えて、リーダーの言動に自分も加担していないか、つまり、暗にリーダーの言動を是認していないかを検討しなければならない。さらに、リーダーの変わろうとする決意は不確かで、その取り組みはすぐ失敗するかもしれず、結局、私たちの努力は無駄で、失望に終わるかもしれないのだ。

「年老いた犬に新しい芸を教えることはできない」という言葉もあるように、大人になってから自分を変えることはできないと信じて疑わない人もいる。以前、ある財団法人に、アメリカ議会の議員やスタッフに道義的規範を教えるワークショップへの資金援助を申請したところ、却下された。その理由は「個人の品性は成人期初期までに形成され、その後、変えることはできない」というものだった。

しかし、人が変われないというのは敗北主義者の見方であり、リーダーとフォロワーの関係においても、変革は無理だという考え方に私は断固、反対する。人間性の変化について触れずに、リーダーへの異議申し立てやリーダーとの決別について責任を持って書くことはできない。人を見限るのは簡単だ。しかし、悪い結末を避ける方策はあるのに、安易にあきらめてしまうのは怠慢で乱暴すぎる。

二〇世紀末の最も重要な進歩の一つは、十分とは言えないまでも、自己改造の技術が利用されるようになったことだろう。あの多難な六〇年代の影響がそこまで続いたということかもしれない。たとえば、さまざまな依存症に対応できる一二段階のプログラムが幅広く用いられている。退役軍人や被災者の心の傷を癒す手法も進歩し、周囲によく理解されるようになった。六〇年代と七〇年代の性革命と社会革命によって離婚率が急増したが、現在はそれに歯止めをかける選択肢として、結婚カウンセリングや家族セラピーが頻繁に利用されている。

しかし、自己改造の技術が普及すると同時に、その試みに失敗する例も多く目にするようになった。どうしても薬物と縁を切れない中毒者、自殺する退役軍人、カウンセリングの甲斐なく破局する夫婦、それ以上に憂慮すべきは自分自身で、改造に挑戦してもそのたびに失敗する。そうなると、本当に人は変えられるのだろうかという疑念が生じてくる。

確かに人間性の変革はきわめてむずかしく、人生で最もむずかしい挑戦とも言える。それでもやはり、可能性を信じて努力すべきだろう。もし、ある行為によって自分たちの大きな目的がつぶされそうになったら、助けとなるものを携えて勇気を奮って前進し、変革の土台となる秩序をつくり出さなければならない。組織の価値観を侵害したり、目的を脅かしたりする言動が、最悪の結果をまねきそうな場合はもちろんのこと、あまりに深く根づいていて、改善すべき問題と見なされていなくても、それを正すべく立ち向かわなければならない。

リーダーの変革には、内側と外側からの強い抵抗が障害になることが多い。私自身も、そのような抵抗を経験したことがある。かつて私は威圧的な態度で指揮する「怒鳴り屋」と呼ばれていた。自分のそういうところは嫌だったし、それはまちがいなく人を傷つけ、意欲を失わせる振る舞いだった。しかし、それまでに業績が振るわない部署をいくつも立て直した実績があったので、それを根拠に自分の言動を正当化していた。そして実際に、重圧が大きく、結果を急ぐ職場では、そうした態度が役に立っていた。感情にまかせた言動を心のなかで恥じつつも、誰かに批判されると常に反論していた。

しかし、やがてその言動のせいで仕事にも私生活にも深刻な問題が生じ、自分の基本的な価値観にも不協和音が生じてきたので、私は修正を試み、感情をいくらか抑制できるようになった。ところがその後、部署の実績が下がると、本部は私がたるんでいるせいではないかと疑ってきた。結局私はそのような社風に見切りをつけ、別の会社に移った。そこは虐待行為を許さず、成功するためのほかの方法を教えてくれたので、私はようやく職場でのそうした言動を根本から改めることができた。

個人を変えるにはまず組織から

この章では、改めるべき個人的な言動に焦点を当てるが、個人を変えるには組織から変えなければならないことも少なくない。一方の性質が、もう一方の性質を強めているのである。たとえば、明確なビジョンと人を信服させる魅力を兼ね備えた企業のリーダーは、その成功から利益を得ようとする株主や重役、幹部職員を魅了するだろう。期待は急上昇し、高い利益をあげさせようと、リーダーには高額の報酬が用意される。そして実際に成果があがり始めると、それを維持するためならどんな方法を用いてもかまわないという雰囲気が高まる。「プレゼントのあら捜しをするな」ということだ。

業績をあげているリーダーに、大言壮語、追加業務を組み入れる能力の欠如、合法性への配慮の欠如といった欠点があっても、それらは見逃され、むしろ報酬を与えられることでしばしば強化される。そのような環境では、リーダーは自分を変えようという気にはならず、その問題行動はますます加速するだろう。リーダーの改造を成功させるには、リーダーと組織の両方がその取り組みに携わらなければならない。

また組織は、中央集権的な環境から、リスクをいとわずサービスを第一とする分散型の環境へ、ぜひとも変わる必要がある。しかしリーダーが過剰な支配権を求め続けるかぎり、組織はそうした変化を遂げられない。変革は、組織とリーダーの両方がその気にならないと実現しないのだ。

変革には、なんらかの結果を出そうとするものと、プロセスを変えようとするものがある。たとえば、企業が環境への影響を改善しようとするのは前者であり、組織のリーダーが意思決定に第三者を関与させようとするのは後者である。ときには、プロセスと結果の両方の変革を求めることもある。

たいていの場合、リーダーは自分の言動が引き起こした危機に直面するまで、言動を改めるというむずかしい仕事に取り組む気にはなれない。しかしそうなったころには、被害はすでに拡大している。危機感がなければ変革への意欲を持たせることはできないと思い込んでいる人もいるが、勇敢なフォロワーの役割は、嵐が訪れる前にリーダーに変革を促し、危機を回避することだ。

リーダーが強情だと、変革の見込みはないように思えるかもしれない。素直に話を聞いてくれそうにないし、こちらの努力が裏目に出て、むしろ状況を悪化させてしまうかもしれない。また、リーダーの周囲にいるアドバイザーが、自分たちに利益をもたらしている現状を変えさせたくないと強く思っている可能性もあり、彼らは変革を進めようとするフォロワーを攻撃するかもしれない。

しかし、そのような危険があったとしても、異議を唱えるべきときがある。正しいと信じる目的があり、力強く熱心なリーダーがいるのであれば、悲劇を招きかねない弱点を変えさせるために、フォロワーは精一杯努力すべきだ。自分の弱点のせいで失敗した経験のあるリーダーは皆、そうなる前になぜフォロワーがもっと強く意見してくれなかったのかと思っているはずだ。

リーダー自身の言動だけでなく、システムの基本的部分も変えなければならないとき、勇敢なフォロワーは組織の内部に支援者を探すとともに、説得力のある証拠を示さなければならない。そして、変革する苦しみよりも、変革できずにもたらされる苦しみのほうが大きいということを納得してもらえるように説明するのだ。

本章では、主にリーダーの個人的な変革を助けることに焦点を当てている。私自身の体験や、上級管理職の変化を図った数少ない研究についての観察や考察にもとづいている。有効なガイダンスを提供したいと思っているが、ここに示すのは、リーダーやフォロワーを変える決定的な方法ではない。この問題に関しては、もっと多くの話し合いや調査が必要だ。

ここでは、まず一般的な原則の紹介から始めよう。人間性の変化をテーマにした文学に見られるそれは、どのような取り組みにも通用する。また、変革に抵抗はつきものだが、特にリーダーにはどのようなかたちで現れるかについても分析する。そして最も重要なこととして、勇敢なフォロワーの役割を検討する。

仕事でも、プライベートでも表面的にはいつもどおりに仕事をこなしながら、内面を変革していくのはリーダーにとっても、フォロワーにとっても大きな挑戦である。そのプロセスがどのように進むのかを見ていこう。

変革が可能な時期

変革の必要性が意識され始めたとき、リーダーはすでに心の準備ができていてただちに取り組めるかもしれないし、あるいは、なんらかの出来事によっていきなり目を覚まさせられ、なんの心積もりもできていないかもしれない。

個人でもグループでも、たいていは複数の出来事がきっかけとなって変革に向かい始める。たとえばあるリーダーが、業界が重大な変化のさなかにあり、この先数年にわたって不透明な状況が続くことに気づいたとする。ちょうど同じころ、ある会議に出席して、組織にそうした変化に取り組む準備をさせているという別のリーダーの体験談を聞く。さらに、リーダーシップ開発プログラムに参加して、改革的介入という方法を試してみたいと思うようになる。こうした一連の出来事に触発されて、変革への取り組みが始まり、リーダーと組織はその未来像を探求するようになる。

リーダーに変化を促す一連の出来事、それも人間性の本質に関わるものは肯定的でないことが多い。たとえば、組織の収入が激減し、リーダーのワンマンな手法に上層部が不満を抱くようになる。同時に批判的な報道がなされて職場の士気が下がり、そうしたストレスから、リーダーの個人的な人間関係にひびが入り、健康にも悪影響を及ぼし始めるといった具合だ。しかし往々にして、リーダーが変革を意識するようになるのは、離婚、心臓病、醜聞、失脚、訴訟などの失敗や心の傷が実際に生じてからだ。

変革の基本的なプロセスは、まず変化の必要性が認識され、次に欠点が把握され、現状に対する責任の所在が明らかになり、改善の見込みが少し見えてくるというように進む。

個人の変革プロセス

態度や行動の変革のプロセスと、そのプロセスを妨げたり促進したりする力について考察してみよう。

人格形成のプロセス

多くの生物は自ら変身するが、毛虫がワシになったり、オタマジャクシがキツネになったり、ドングリがリンゴの木になったりすることはない。どんな生命体も成長の道筋は決まっている。同様に、人の個性も激変させることは望めないが、その可能性を最大限に引き出すことは期待できるし、後押しもできる。

人はそれぞれ、核となる個性を持っている。それは、少なくともある部分は「人格形成」というプロセスによってつくられ、安定している。このプロセスには、さまざまな体験を吸収して世界観を構築し、アイデンティティを形成し、自分の価値を評価し、環境をコントロールするといった心的作業が含まれる。こうしたプロセスによって、「自分はどのような人間か」という自覚の核となる部分が形成される。その部分は非常に頑強で、簡単には変化しない。その核があればこそ、大学の同窓会で二〇年ぶりに会ったかつての友人を見てそうとわかるし、人生のさまざまな段階で自分を見失うこともないのだ。しかし、それは不変ではない。

脅威と破綻

人は通常、力のバランスを保っているが、誰しも生きていく過程でこれまでに経験したことのないチャンスや挑戦、あるいは危機に直面する。そのとき、そうした状況に順応して新しい力関係が得られるとよいが、そうでなければ人生の枠組みが崩れ始める。

人格形成に関わる脅威があまりに多いと、ついつい古い解決法に頼りがちになる。それがうまくいかないと、肉体的にも感情的にも精神的にも「破綻」にいたることがある。その破綻の苦しみによって、私たちは自分を変えなければならないことに気づく。

抵抗

自分は変化したほうがいい、いや、変化すべきだとさえ思えても、抵抗を感じるのは当たり前のことだ。それに、変化すると、これまでの人生を築いてきた大切なものを失ってしまうのではないかと怖くもなる。しかし、そうした抵抗や、現状の自分を守ろうとする気持ちを打ち消すのではなく、それを認めながら自分を変えていくことは可能である。抵抗を利用して、許容できる速さで変化を進め、自分の生活が停滞しないようにするのだ。変化の可能性を受け入れたり、あきらめたりといった自然な揺らぎに身を任せ、新しい領域に出たり入ったりを繰り返す。やがてそこに居心地の良い場所が見つかり、それを自分の核に組み込むことができるだろう。

現状の理解

変化の必要性を受け入れたら、自分自身や他人との関係について、さらに観察していこう。ある特定の状況で自分はどう感じ、どう行動するか、それがどんな結果をもたらすかをじっくりと見ていくのだ。

観察は、プロセスを設計し直すための最初のステップとなる。自分を変えるには、まず現在、自分がどういう状況にあり、何が求められているかを正確に知る必要がある。そこから、その状況をどうすれば変えられるか、また、どうすればそのニーズをもっと効果的に満たすことができるのかがわかってくる。私たちは、自分の現状、抱える問題の深刻さと影響、何かへの依存の程度を把握しなければならない。そうして初めて、現状を変えるというむずかしい仕事に取り組むことができるようになる。

試行錯誤

変化を受け入れれば、自分がこれまでどんなふうに仕事をしてきたかがわかってくる。これまでの方法は唯一可能なやり方、あるいはそうすべきやり方だと思っているかもしれないが、実はそうではない。最善の方法でもないだろう。それに気づくことで、私たちはほかの選択肢を検討し始める。

自分に深く染み込んでいるやり方と反対のことを試してみよう。つまり、いつもの言動ではないと思うことを試し、その影響を観察するのだ。たとえば、会議で開始早々に意見を強く主張するのではなく、黙って耳を傾けるというように、些細なことでもいいから、これまでと違うことをしてみよう。

とはいえ、継続できそうだと思える選択肢は、これまでと正反対のやり方ではないだろう。それは自分が目指している場所のほんの少し先を目指すことかもしれないし、これまで無視してきたものを少しだけ大切にし、これまでとても大事にしてきたものを少しだけ突き放してみることかもしれない。たとえば、仕事の締め切りばかり気にするのをやめて、それが自分と家族にどんな影響を及ぼしているかを見るようにすればどうだろう。いろいろ試してみて、その結果を見てみよう。

覚醒

現実的で望ましい結果をはっきり思い描くことができなければ、変革のプロセスに踏み出すことはできない。変革とは、よく知っている世界から未知の世界へ入っていくことであり、プロセスが進むにしたがって、望ましい状況を想像できるようになる。

最初のうちはさまざまな要因、たとえば、私たちの個性の固い面と柔らかい面、暗い面と明るい面が混在し、はっきりとした道筋は見えてこない。それがやがて現実的な目標が想像できるようになり、そうなると、それを目指して向上を図ったり、どこまでそれに近づけたか、進歩の度合いを評価したりできるようになる。そうやって「まちがっていた」過去から、自分が目指す未来へと視点を移していくのだ。

個人的な変革のプロセスは、混乱や恐れから始まり、やがて目が覚めたように冷静になり、最後はすがすがしい気持ちになり、活力が戻ってくる。そのような不安定なプロセスをやり遂げるには勇気が必要だ。

フォロワーの役割

変革が求められる状況において、変わるべき人物の身近にいる人はきわめて重要な役割を果たす。姿勢や言動の変革はまず親しい人とのあいだで始めるといい。リーダーの身近にいるフォロワーは、変革の中心的な役割を果たす力を持っている。

- ■変革の必要性をリーダーとともに否定し、もみ消すこともできるが、現在の言動と望ましい言動の対比を明らかにすることもできる。
- ■虐待的な言動や不適切な言動を我慢することもできるが、譲れない一線を示すこともできる。
- ■秩序を乱す言動に歩調を合わせることもできるが、互いに影響し合うという機能的な方法を自ら示すこともできる。
- ■リーダーの欠点を裁いたり非難したりもできるが、リーダーの葛藤を自分に重ねてみることもできる。
- ■厳しい環境をつくり出し、リーダーに懸命な努力を強いることもできるが、リーダーが人間性の変革について学んだり、試したりするのに必要な支援を提供することもできる。

フォロワーにしてみれば不合理に思えるかもしれないが、変革はリーダーだけに焦点を当てていては達成できない。リーダーだけに焦点を当てると、その作業は強迫的、あるいは操作的なものになるおそれがある。リーダーの変革を手伝いたいと望むなら、フォロワーも変革のプロセスに積極的に携わるべきだ。

フォロワーは、リーダーとの関係における自分の役割を分析する必要がある。その役割は、変革を進めるうえで私たちが持てる力をすべて発揮できる唯一の立場である。またフォロワーは、自分たちの行動がリーダーの不適切な言動を許し、それに歩調を合わせていることにも気づく必要がある。

たとえば、リーダーがかんしゃくを起こすたびに震えあがり、激しい口調で言いつけられた仕事をしゃにむに片づけようとしていないだろうか。そうした態度は、リーダーに、かんしゃくを起こせば状況をコントロールできると思い込ませてしまう。私たちが態度を少し変えれば、リーダーもこちらとうまくやっていくために修正を試みるだろう。

本章では、勇敢なフォロワーが変革に取り組むリーダーをいかに支えるかについて検討していくが、フォロワーのほうも変革を求められれば、支援がほしいと思うはずだ。

触媒としてのフォロワー

勇敢なフォロワーは大きな危機が迫っていることに気づいたら、そのことをリーダーに気づかせなければならない。これは思っているよりずっとむずかしい。不適切な言動をとる人はまわりに防御壁をいくつも巡らせ、たくさんのフィルターを配備して、自分の言動を非難するメッセージを排除するからだ。

どうすればリーダーに警鐘を鳴らすことができるだろう。どうすれば、リーダーや彼らが仕えるべき相手に害が及ぶような失敗を避けつつ、予測される最悪の事態をリーダー本人に疑似体験させることができるだろう。勇敢なフォロワーは、リーダーに注意を払ってもらいたい出来事を拡大して見せることも、詳しく説明することもできる。

おそらくリーダーは、自分の問題行動についてある程度気づいているはずだが、まわりがそれをどれほど深刻に捉えているかを悟らないかぎり、自分を変える気にはなれない。これは、勇敢なフォロワーが把握すべき重要なポイントだ。

■問題の多いリーダーは、自分の深刻な行動を正当化しており、周囲もそれほど気にしていないと決めつけている。これは致命的な判断ミスである。

■変化を進める触媒の働きをするフォロワーが第一にすべきことは、スタッフがリーダーの行動にどれほど動揺や不安や怒りを抱えているか本人に伝えることである。

リーダーへの敬意、見たままの真実を告げることの不安、リーダーの反応への恐れといった自分の感情を軽視していては、触媒の役割は果たせない。率直に、しかし、リーダーを支えたいという気持ちが伝わるよう助言する技術が求められる。それにはリーダー自身でなく、リーダーの言動について述べるとよい。

■「あなたと私は、この組織の目的に対する大きな責任を共有しています。……（不適切な言動）が組織に及ぼす深刻な影響に目をつむって、その目的を危険にさらすわけにはいきません」

■「あなたは問題の重要性をいったん把握したら、誰よりも精力的にその問題に取り組める方です。……（不適切な言動）が、組織をどうしようもない状況にまで追いつめるのではないかと、非常に心配しています」

■「もし私が自分のキャリアを危険にさらすようなことをしていたら、きっとあなたは黙って見ていないはずです。ですから、私もあなたに意見せずにはいられないのです」

■「あなたはこの組織を成功に導いてくださいました。けれども、良識を超えたあのような行為を見すごすわけにはいきません」

変革は、「愛ゆえの厳しさ」がある環境において最も円滑に進む。それは相手の良さを十分認識しながら、本人と組織に不利益をもたらす言動に対しては毅然とした態度をとることから生まれる。誰にでも変えるべき部分があり、変わるべきときがある。健全な人間関係を築いていれば、明敏かつ毅然とした態度で相手の変化を促していくことができる。

リーダーに理解を示す

深い自省が必要なリーダーのなかには、自分の失敗は棚に上げ、他人の失敗には腹を立てる人がいる。それをただ問題視するのではなく、リーダーを変革のプロセスに関わらせる好機だと考えよう。

リーダーが部下から非難を浴びて、感情を爆発させたり動揺したりした場合は、そうなった原因がリーダー本人にあることを突きつける前に、まず部下への腹立ちに理解を示そう。リーダーの言葉をそのまま繰り返し、その怒りを強調すれば、リーダーは自分が理解され、評価されていると感じる。

■「あなたは、一流のサービスを提供する一流のチームを築こうとなさっています。スタッフのなかにそれを理解できていない人がいるように思えると、さぞかしフラストレーションもたまるでしょうね」

自分は理解されているとリーダーに感じさせることができれば、フォロワーは組織のシステムの徹底的見直しと根本的な問題解決を提案できる。リーダーがシステムの再検討を嫌がることはめったにない。スタッフの仕事ぶりに不満を抱くリーダーは、問題は「自分」ではなく

「ほか」にあると信じきっているので、そうした提言を受け入れやすい。

偉大なリーダーシップと偉大なフォロワーシップは、一つのシステムの構成要素である。しかし、システムを再検討する際にはリーダーの役割も検討されるということを、リーダー自身がわかっていないことがあるが、道義的にも実際的にも、それを理解してもらう必要がある。運営上の問題に自分が関与しているかもしれないとリーダーが認めることによって、リーダーの流儀や影響力を再検討する扉が開かれる。

実際に、リーダーがシステムの機能不全のおもな原因となっているのなら、再検討するうちにそれが表面化するだろう。当然ながらフォロワーも、自分が機能不全の一因になっていることが発覚するのを覚悟しておかなければならない。

再検討の指揮をとる人は、リーダーやフォロワーが機能不全の原因になっているとわかれば、それを本人に突きつけなければならない。その際には、触媒としてのフォロワーと同じ役割を果たす。つまり、変化に対する本人の意欲を引き起こすために、再検討の過程で明らかになった、その人の言動と習慣に対する組織内の強い反発をはっきり伝えるのだ。

言動の否認と正当化

不適切な言動を改めさせようとするときに最大の障害となるのは、本人がその言動を認めようとしなかったり、正当化したりすることだ。リーダーはこれまでの成功を根拠として、自分の言動の有害さを割り引いて考える傾向がある。

リーダーがこれまで成功できたのは、その言動のそれほど有害でなく、比較的有益な側面をうまく利用したからかもしれないし、あるいはその破壊的な行動と自分のほかの強みをうまく組み合わせたからかもしれない。

強みと弱点は、一つの基本的な性質がそれぞれ良い方向と悪い方向に発展したものである。リーダーの好ましくない言動はなんらかの重要な強みの裏返しであることを理解し、リーダー自身にその弱点と強みを区別させることができれば、変革は円滑に進められる。

■「あなたはいつも、みんなに希望のある前途を思い描かせ、生活にプラスの変化をもたらしてくださいました。でも、今は違います。情報を隠蔽し、この投資を実際より価値があるように見せかけているのですから」

■「スタッフは怒られることを怖れて、あなたの思いどおりに動いているとお思いかもしれませんが、実際に彼らを動かしているのはあなたの信念と意欲です。スタッフに腹を立てても、あなたと組織をサポートしようとする彼らの意欲を削ぐだけです」

「傲慢さ」とは、成功した人が陥りやすい危険な状態をよく言い表している。つまり「自信過剰による無礼で思い上がった態度」のことだ。それはリーダーにとっても、共通目的にとっても決定的なダメージになりかねない。

歴史の記録や日々の新聞に、成功した人が傲慢さゆえに破滅した話はいくらでも見られる。たとえば、刑務所送りになった億万長者、役員たちの反乱で失脚したCEO、公の場でうっかりもらした偏見がもとで失脚した政治家、資金を横領して嘲笑の的となった労働組合幹部、薬物依存で命を落としたスター、といった面々だ。そうした話の悲惨な顛末をリーダーに思い出させる必要があるのかもしれない。

傲慢さにはいろいろなタイプと事例があり、自分と似たような事例は警告になる。今あげた人びとは高い地位にのぼりつめたものの、成功に目がくらみ、発せられていたはずの警告に、転落の瞬間まで気づかなかったのだ。

最大の勇気を要するのは、キャリアの絶頂にいる自信満々のリーダーに、あなたが指揮する大型船舶はただちに方向転換しないと岩礁に乗り上げて沈没してしまうと伝えなければならないときだ。乗組員のなかに、そのような勇敢なフォロワーがいるリーダーは運がいい。

熱心さを理由にして言動を正当化する

リーダーは、目的に熱心に取り組んでいることを理由にして不適切な言動を正当化し、言動への抗議を目的への攻撃と曲解することがある。さらには、組織を成功に導くには自分が幸福でなければならないと考え、自分にとって都合のいいことは適切だろうとなかろうと、すべて正当化する可能性もある。特に財政上の不正や組織の資源の乱用は、そういう理由で正当化されがちだ。

自分と組織、あるいはその目標との線引きができなくなるというのは、リーダーが経験するアイデンティティの混乱のなかでも最も危険なものである。特に、リーダーが組織の創設者である場合はそうなる危険性が高く、組織のほうもリーダーと組織のアイデンティティを混同してしまう。勇敢なフォロワーは、こうした状況にさまざまな方法でアプローチできる。

■具体的な行動としては、まずリーダーに、自らの言動がどのような結果を及ぼし、それがリーダーのライフワークとも言うべき目標をいかに傷つけているかをわからせなければならない。

■さらに進んだレベルでは、リーダーにその根本的欲求を理解させ、それを満足させる、より適切な方法を見つけさせる。

■最も進んだレベルでは、リーダーにアイデンティティを取り戻させ、それを組織や目的とは切り離すよう促す。

リーダーのアイデンティティが組織や目的と一体化しすぎていて、そのままでは変革が起こせないこともある。見つからないものを変えることはできないからだ。そのような場合、変革を起こすにはまず、リーダーにアイデンティティの一部を取り戻させなければならない。わずか一カ月でも、環境や行為、力関係、目的が急激に変化すれば、必要とされる新たな考え方が生まれるかもしれない。

以下にあげるものは、リーダーにとって組織との境界線を引き直すきっかけとなる。

- 一流のビジネススクールや変革を目的にしたマネジメント機関が主催する上級管理職向けの開発プログラムに参加する。
- 家族や友人の熱心な勧めに従って、息抜きのために長期の家族休暇をとる。
- 期間を限定して、公共サービスに関する責任の重い業務につく。
- 執筆、調査、充電のために研究休暇をとる。
- 薬物依存に関係する場合は、滞在型のリハビリ施設に入所する。

上級管理職は、心臓発作などの生命を脅かす問題に陥って、図らずも休息を強いられ、それを機に自らの価値観を見直し、変革に心を開くこともある。勇敢なフォロワーは、そうなる前によりなだらかな道を指し示し、リーダーがいったん立ち止まって、自分の大切な部分を取り戻すことができるようにする。

対立したときの反応

リーダーを変革のプロセスに参加させようとする行為自体が、変革の始まりである。リーダーに問題を持ちかけた時点で、反応がささやかなものであっても、あるいはあなたから見て望ましいものでなくても、すでに状況は変化し始めている。私たちが生きているのは、量子物理学で説明される世界である。そこでは、ある事象をただ見るだけで、その事象そのものを変えてしまうのだ。

変革に取り組むようリーダーに勧めると、おそらく向こうはなんらかの混乱と不快感を抱くだろう。こんなふうに思うかもしれない。

■この不遜な部下たちは、いったい何を要求しようとしているのか?
■私のことをよく思っていないのか?
■真の目的は何なのか?
■その提案に危険はないか?
■自分には、この提案に取り組む意欲がどの程度あるか?
■それは本当に必要なことか?

リーダーの言動に異議を唱える際、リーダーに不快感を与えることを恐れてはいけない。リーダーは異議に対して怒りを覚えたり、自信を持っていた自己イメージを疑問視されて意気消沈したりするかもしれない。しかし、それは変化を受け入れる前段階として必要なことだ。変革に向かってリーダーと手を携えて進んでいくつもりなら、リーダーがどんな反応を示しても、不快な思いをさせられたとしても、前向きに受け止めなければならない。

変革を起こすには、人間関係のルールを変更する必要がある。表面的な付き合いでは不十分だ。真摯な気持ちになり、リスクも覚悟しなければならない。リーダーに対して、不適切な言動を改めることと、それを隠すことを同時に求めるわけにはいかない。変革のプロセスに参加するようリーダーに勧めたら、氷山の見えない部分も見る覚悟をしなければならない。そのときには、思いやりのある大人として対処する必要がある。親の優しい顔だけを見たいと願う子どもではなく、相手の人格のすべてを見たいと望む大人として向き合うのだ。

私たちが下した評価にリーダーが激しく反論しても、それは失敗を意味するわけではない。最初のうちリーダーは、「なぜ、部下からこんな態度をとられなければならないのだ」と思うかもしれない。リーダーに異議を唱えるということは、私たちが彼らをどう見ているかをわからせようとすることではない。私たちに見えているのは全体像のごく一部にすぎないかもしれないし、正確に見えているのはさらにその一部だけかもしれないのだ。象にさわった目の見えない男たちが、象の正体についてそれぞれまるで違う印象を抱いたたとえ話のように、人によってその見方は違ってくるだろう。

だからと言って、私たちの見解からリーダーを解放するわけにはいかないし、むしろ強く主張する必要があるかもしれない。しかし、それはリーダーが、自分の言動は不適切なので配慮が必要だというメッセージを受け取るまでのことだ。そこから先は、リーダーが自力で問題を把握し、それに対処すべく、深部からの人格改造を始めるのを待とう。

リーダーの意識を高めるということは、見えるはずのものを見せることである。つまり、視野を広げさせ、今以上に物が見えるようにし、見えない部分も感じとれるようにするのだ。私たちは、自分に見えるものをリーダーに伝えることはできるが、それは彼の関心を引くきっかけにすぎない。本当の課題は、目を向けたくないものに目を向けさせ、注意を喚起し、変革のための行動を起こさせ、それに多大なエネルギーを注ぎ込ませることなのだ。

変革の手段を確認する

ひとたびリーダーの関心を引き、言動や慣例を変えることに興味を持たせたら、今度はそれを実行するための手段を提案していこう。変革のプロセスには自分一人でできるものもあるが、たいていの人は周囲の支えや専門家の導きを必要とする。フォロワーが計画的に協力していけば、リーダーと組織は望ましい方向に向かっていくだろう。自分が向き合っている状況に応じて、次のようなアプローチを選択する。

- 問題が、フォロワーの参加を認めない独裁型の意思決定がなされているというような集団力学に関するものである場合は、チーム全体を動かす取り組みが必要となる。
- 薬物乱用などの個人的な問題の場合は、個別カウンセリングやリハビリ、支援グループの必要性を知らせる。
- 資金の不正流用といった権力の乱用に関わる場合は、外部からコントロールする手段を講じると同時に、本人の心理的問題にも取り組む。

■価値観やビジョンを明らかにし、チームの技術やプロセスを改善し、そのプロセスに影響している個人の姿勢や言動の根底にあるものを検討するには、しばしば多角的に取り組んでいく必要がある。

■変革のために必要な作業を、リーダーとフォロワーがともに体験することで効果が上がることもある。

■リーダーを、組織外の人とともに体験にもとづく学習プロセスに参加させたほうがいい場合もある。

■現実問題に取り組むことが望ましい場合もあれば、シミュレーションやグループ練習のほうが生産的な場合もある。

どんな活動でも、参加者に体験させて現状を告白させ、その代償を理解させ、目指すべき状況を選んで求めさせるものはすべて、変革のための手段となる。

勇敢なフォロワーは、必要に応じて専門家に相談しながらさまざまな手段を検討し、適当なものを選んで推奨する。その際には、それぞれのアプローチの利点と欠点を比較検討しなければならない。たとえば、専門家によるカウンセリングを勧める場合、その利点としては、情報の機密性が保たれることと、問題の深層に到達できる可能性があることがあげられる。欠点としては、秘密厳守という性質上、フォロワーにもその経過は伏せられ、質問もできなくなる可能性があることだ。

どんなアプローチを選択するとしても、その集会やカウンセリングから離れた日常の場で、パートナー、コーチ、メンターとなって取り組みを支えてくれる人がいれば助けになる。リーダーにとってそのような支援者になりうるのは、役員や、判断力と公平さで一目置かれている年長のスタッフ、重役OBなどだ。コーチは、変革のプロセスの進展を見守り、変化をフォロワーがどう感じているかを現実的に把握し、常に順調とは言えなくても、望ましい変化を遂げようと協力し、誠実に努力しているリーダーとフォロワーを応援する。

外部のアドバイザー

組織としての取り組みが必要な場合は、先入観がなく組織内の駆け引きにも関係がない外部のアドバイザーを利用したほうがよい。外部の人なら、遠慮なくなんでも質問でき、見方も多様で、プロセスの秘密も守るはずだ。内部だけで事を進めようとすると、ただでさえむずかしい仕事がますますむずかしくなる。私たちも変革すべきプロセスの一部である。そうでありながら、変革を進めるのは困難だ。その二つの役割は別物である。

たいていの場合リーダーは、外部の専門家の手を借りることに理解を示し、賢明な方法だと考えるはずだが、ときには反発することもあるだろう。「改善のために外部の人の助けが必要なら、なんのためにきみたちに給料を払っているんだ?」と。しかし、その言い分は正しくない。組織は特別な任務に備えて、常にさまざまな専門家を抱えている。たとえば、法務部は顧問弁護士を抱え、営業部は広告代理店を雇い、人事部は管理職スカウト会社を利用している。外部のサポートが必要な状況ならば、そう強く主張していい。

リーダーが外部の専門家の介入を不快に感じているのであれば、その感情を乗り越えられるようフォロワーは手助けできる。

■そのプロセスには、リーダーの自尊心、世間体、繊細さを守る手段が講じられていることを話す。
■同様のプロセスを経験した人を見つけ、その経験をリーダーに話してもらう。
■複数の候補を検討し、リーダーが満足できるものを見つける。
■リーダーをその取り組みを導く専門家に会わせ、信頼関係を築かせる。

リーダーがその手法をよく理解していれば、先へ進むにつれて、いっそう熱心に取り組むようになる。フォロワーであれアドバイザーであれ、変革を促す側は、リーダーを含む参加者がプロセスを理解して受け入れられるよう手助けしなければならない。

個別カウンセリングは望ましい方法の一つと言えるが、残念ながら現代でもそれをタブー視する風潮が見られる。特に政界のリーダーは、セラピーかカウンセリングを必要としていることが明らかになると、そんな状態で職務がこなせるのかと白眼視されがちだ。そのような見方は、リーダーにも私たちにも深刻な害を及ぼす。リーダーは大きく成長する可能性を否定され、一方私たちは、リーダーの自己分析によってもたらされるはずの利益を奪われる。もっとも、そうした見方は変わりつつあり、政治的手腕の発揮を妨げるような根深い個人的問題や家族の問題を分析・修復することの重要性が理解されつつある。

リーダーが、自分の手に負えない言動に根本的に対処しようとして専門家のカウンセリングを求めたら、勇敢なフォロワーは、それをリーダーの弱さの現れではなく強さの証と見なし、しっかり支えて擁護すべきだ。

リーダーを支える環境を整える

変革には安全な場所、つまり、周囲の雑音に邪魔されず、変革に没頭できる場所が必要となる。テンポが速く、いつもごたごたしている組織のなかでは、そうした場所はつくりにくい。しかし、フォロワーが思いやりのある環境づくりに励めば、実現は可能だ。

組織のトップは孤独だと言われる。確かにリーダーは孤独を感じることが多いが、その孤独は自ら招いている場合もある。私たちは、変革に取り組んでいる彼らに、一人ではないことを伝える必要がある。彼らのそばに立って支えよう。ともに変革に取り組み、その進捗に対する責任を分かちあうのだ。

どんな方法によってであれ、従来の行動パターンやその影響がわかってきたら、次はそのパターンをいろいろ変えて、善し悪しを見ていく必要がある。そのような実験をするには、それを支える環境が必要だ。初めのうちはやりにくかったり不自然だったりするだろう。試したときに、何が起きるかはわからない。しかし、バイクの乗り方を教わっているときにバイクから落ちても、笑われたりしなければ別に平気だし、最悪でも車に轢かれなければ大丈夫だ。そうした挑戦に、興奮と不安はつきものである。

勇敢なフォロワーは、リーダーが変革のプロセスを歩めるように支える環境をどのようにつくり出すのだろうか。いくつかのガイドラインを示す。

■自分たちが、変革に挑むリーダーの積極性を、その強さの証と見なしていることをリーダーに伝える。
■リーダーの言動による影響について、はっきり伝え続ける。変革への取り組みが尻すぼみにならないよう、外側から圧力を加え続けてリーダーの心的圧力を維持する。
■忍耐を示す。従来の行動パターンは簡単には改まらないことを忘れない。
■自分自身の変革への取り組みを続ける。状況に応じて、リーダーと苦労をともにする。
■リーダーの取り組みを成功させるのに不可欠な賞賛や励ましなどを提供し、リーダーの新しい言動を明確に支援する環境をつくり出す。

私たちはリーダーに、その言動の影響を受ける人びととともに改善の取り組みを進めるよう促さなければならない。リーダーは自分の言動とその影響を認識し、自分はこれから何をするつもりなのかを周囲の人に説明する必要がある。当初、そのような生真面目な姿勢は冷笑されるかもしれないが、リーダーが本気で変革を進めていけば、じきに理解されるようになるだろう。変革の必要性をオープンにすることで、さらに支援がもたらされる。

身近な人間関係のなかでなら、リーダーはいっそう真剣に変革に取り組み、新しく身につけた言動を維持しようとする。意志を公表した後で失敗したくないという気持ちもあるだろうし、応援してくれる人たちをがっかりさせたくないとも思うからだ。

リーダーの言動に影響を受ける個人や組織は、リーダーが変わる可能性を認めてあげるべきだ。「あの人の言うことは信じられない。だって……」と、リーダーの過去の失敗を持ち出す人は少なからずいるだろうが、そんなとき勇敢なフォロワーは、リーダーだけでなく組織にも対峙する。組織のメンバーはもう一度リーダーを信じなければならない。挑戦が始まってもいないうちに冷たくはねつけたり、どうせ失敗すると決めつけたりせず、慎重かつ大らかな気持ちで見守っていこう。

以前、嫌な思いをさせられたことがあったとしても、リーダーの自分を変えようとする努力は純粋に支えるべきだ。それには、相手が現在目指しているものを尊重し、過去を許す寛容な姿勢が求められる。

変革の手本を示す

変革に取り組んでいくうちに、リーダーはこれまでのやり方に耐えられなくなり、それを打破しようとし始める。そこから新しい手法の模索が始まり、その先はお手本が必要になってくる。

ときには、フォロワーが手本を提供できることがある。フォロワーが模範的な手本になりえないのはリーダーと同じだが、しかし、それぞれ長所はある。リーダーがいつも範を示してくれているのなら、こちらもリーダーのために同じことができるはずだ。リーダーの変革を手助けするために私たちが示せる最善の模範は、変革を積極的に受け入れる姿勢である。それには、自分の弱点を進んで表に出すところから始めなくてはならない。

私たちは自分の弱点をリーダーに見せないし、リーダーのほうもそれは同じだ。私たちが選ばれたり雇われたりしたのは、優秀で、答えを知っていたり考え出したりでき、問題解決の一端を担うことができると期待されたからだ。

しかし、こちらが自信のなさや弱点を絶対に表に出すわけにはいかないと思っていると、リーダーも自分の弱点を見せられなくなる。弱みをオープンにすることで、リーダーもフォロワーも本物の変革プロセスに入っていくことができるのだ。変革には無防備な姿を見せ合う必要があるということを、私たちは学ばなければならないし、身をもって示さなければならない。

具体的には、変革を受け入れる姿勢をどのように示せばいいのだろうか。

■自分が抱える微妙な問題について打ち明ける。
■自分がまわりからどう見られているかを真剣に知ろうとする姿を見せることで、フィードバックを求めるモデルになる。
■相手が何かに恐れを抱いているようなら、自分の恐れを打ち明け、なおかつそれから逃げない姿勢を示す。
■自分たちの言動が他人に及ぼすマイナスの影響と、その改善方法を話し合う。
■自分が変革に取り組んだときの成功と挫折について話す。

無防備な姿勢を身をもって示すには、真の勇気が求められる。危険も多い。自分に害が及ぶこともあるし、やりすぎてしまうこともある。しかし、自分を繕って平然さを装っていると、陰で苦労するはめになる。

共感の手本を示す

私たちは、自分に本来備わっている特性や、新たに身につけた特性を手本として示すことができるが、なかでも最も重要なのは共感する力である。リーダーは、抽象的な目標のために努力するだけでなく、生身の人間に共感できなければならない。革新的な社会目標に情熱を注いでいても、一人の人の痛みを汲みとって共感できないリーダーは、ときとして人を人とも思わない虐待的な行為に走ることがある。

そのような人の痛みに対する鈍感さは男性に多く見られる。多くの文化では、男の子は感情を抑えるようしつけられ、そういう態度を身につけていく。自分の弱さを否定したいという強い心理的要求から、権力に引き寄せられる男性には特にその傾向が見られる。彼らは、自分の強さと被害者の弱さを対比させることによって、自分の弱さを隠そうとする。恐怖を感じることに対する恐怖心が、すべての感情を凌駕するのだ。

そのような人は、自らの感情に向き合うことができないので、他人の感情も理解できない。それどころか、「相手」を人ではなく物として見ることがあり、それゆえに平気で非人道的な扱いをするようになる。私たちが生活し働いている世界とはかけ離れているが、毎日のニュースで伝えられるように、対立するギャングの銃撃戦、民族同士の残虐行為、激しい内戦などといった環境は世界のあちこちに存在する。そこでは残虐な行為を誰かが「先導」し、誰かが従っているのだ。

私たちが出会う状況はそこまで極端ではないとしても、「鈍感な」リーダーが人の痛みを感じる能力を取り戻せるよう手伝うのは、フォロワーの役割である。その際に最も使いやすく強力な手段となるのは、フォロワー自身の感情だ。フォロワーは、人の気持ちがわからないリーダーの姿勢が、組織の規範となるのを黙認してはいけない。

勇敢なフォロワーは、感情の扱い方の手本をリーダーに示し、思いやりと弱さの違いを明らかにする。フォロワーは、リーダーの言葉と行動に対する自分の感情を注意深く観察し、目の不自由な人に自分が見たことを説明するように、それをリーダーに報告しなければならない。

■「私が驚いているのは、あなたに基本的人権を尊重する気持ちが欠けているからです」
■「もし自分がそんな扱いを受けたら、裏切られたと感じるでしょう」
■「そんなことをおっしゃられるとがっかりしますし、ほかの人もきっと同じでしょう」
■「私のあなたへの信頼は、ひどくぐらつきます」
■「そんなことになれば、実際に何人かは深刻な苦しみを感じるでしょう」
■「皆についてそんな言い方をされると、怒りを覚えます」
■「そのような行為に自分たちが加担していると知ったら、私なら悲鳴をあげますよ」

共感力に欠けるリーダーはまた、他人をやたらと批判するものである。フォロワーや、組織が仕えるべき人びとの生活実態がわかっていない。フォロワーが職務を進めるうえで直面する問題も理解できない。あら探しばかりして、共通目的の追求に不可欠なお互いへの敬意を傷つけてしまう。

批判的なリーダーに共感力を育て、フォロワーとの橋渡しをするには、なんらかの戦略が必要となる。かつて身分を隠して臣民に話を聞いてまわり、その本音を知った王様がいたそうだが、組織のなかには、上級管理職に対して年に一、二週間現場の仕事をさせ、消費者に尽くすために必要な現実社会とのつながりを保たせようとするところもある。組織のさまざまなレベルの仕事を、査察したり批評したりするのではなく、自らやってみることで、現場ではどんな能力が求められ、どんな問題に遭遇するかがありありとわかってくる。フォロワーを軽んじる気持ちは、たちまち賞賛や尊敬、少なくとも理解へと変わるだろう。

現場へ出て、組織の最終消費者、たとえば、会社が製造したトラックの運転手、店が提供するサービスを受ける年金受給者、保険会社の支払いをあてにしている家族などと話をすることは、成功や名声によって失われることもある共感力を取り戻すきっかけになる。

リーダーや側近が順次、現場の仕事をするという計画をリーダーに持ちかけるというのも一手だ。リーダーに限らず誰しも成功を手にすると他人への共感力を失いがちになるので、自分が仕える相手とのあいだに生じた距離を定期的に縮める必要がある。

虐待行為の抑制

フォロワーは、変革のための手本を示す一方で、リーダーの虐待行為が改まるまで、その抑制を手助けしなければならない場合もある。たとえば、フォロワーを怒鳴りつけるリーダーは、その根本原因を解決する努力をするのと平行して、そうした態度を修正しなければならない。それを怠れば、リーダーとフォロワーと共通目的の結びつきは非常に弱まってしまう。

怒りは、抑制したり、爆発させたりしなければ独創的な道具になる。それは敏感なセンサーとなり、どこかおかしいところがあるときにそれを周囲に知らせる。リーダーが抑えている怒りに早く気づいて、それを言葉で表現させることができれば、怒りが頂点に達して暴発するようなことにはならない。

しかし、突如として怒りを爆発させるようなリーダーの感情エネルギーは往々にしてあまりにも大きく、心のなかの状況を冷静に表現させるには、まずそのエネルギーを物理的に吐き出させなければならないこともある。勇敢なフォロワーは、罵倒に代わる行為として以下のことをリーダーに提案できる。

- 怒りは「闘うか逃げるか」の本能的反応を引き起こす。怒りによって放出されるアドレナリンは解放させなければならない。
- 怒りを徐々に溜め込む人は、過剰なアドレナリンを習慣的な運動によって排出させることができる。リーダーの身近にいるフォロワーの多くは、運動がリーダーの気性にどれほど違いをもたらすかを心得ている。
- 突然、怒りに我を忘れてしまうようなリーダーは、社会的に容認されたアドレナリン放出の手段を見つけることがむずかしい。物を投げたり、こぶしを叩きつけたり、暴言を浴びせたりするのは他人を脅えさせる虐待行為だ。
- できれば、リーダーには怒りを発散させる方法を自分で持っていてほしいが、ほかの点では優れているリーダーであっても、怒りのコントロールが不得手な場合もある。そんなリーダーのために、いざとなったら利用できる方法を用意しておくと役に立つかもしれない。

■リーダーが怒りに身を震わせ、誰にともなく悪態をつきながらゴルフタオルをねじったり、椅子の肘掛をきつく握ったりして怒りを発散させるのは、異様ではあっても、口汚くフォロワーを罵るといった威嚇行為に走るよりは、はるかにましだ。外に出て近隣を足早に歩くだけで、ストレスの急上昇をぐっと抑えられるだろう。

■リーダーは心を落ち着かせることができれば、自分の今の行動の理由を説明することができる。暴言や脅迫的言動でフォロワーを傷つけることのないよう、肉体的エネルギーを解放させる方法を見つけよう。

改める努力をしているからといって、虐待行為を続けていいわけではない。虐待は人間としてあまりに未熟な行為である。勇敢なフォロワーが、自分たちの容認できるラインを設ければ、それがリーダーの行為の抑制を助ける。虐待行為を抑制することで、リーダーはその行動の根本原因を探り、変革のプロセスに取り組む時間が持てるようになる。

強化と否認

あることに気づくのは一瞬の出来事だが、変革を持続させるのは容易でない。自分や他人に関わる新しい方法に気づいたとしても、それを実現するのは長く厳しい道筋となる。変革は、行動が改められたときには「強化《レインフォースメント》」されて成功にいたり、改められなかったときには「否認《ディスコンファメーション》」を経て成功にいたる。強化と否認には外部のアドバイザーが必要だが、フォロワーがリーダーのためにその役割を果たすことできる。強化をする際には、以下の項目を心に留めておくとよい。

■まちがいを指摘してばかりいると、自信を失わせる。

■自分は非難されている、あるいは攻撃されていると感じたリーダーは、相次ぐ批判に耳をふさぎ、自尊心と力を行使する能力を守ろうとする。

■リーダーは、まだすべてをうまくできるわけではないので、まちがいを正すより、望ましい言動を認めてあげることのほうがはるかに重要だ。

■「正しい行ない」をその場で認めることによって、リーダーは望ましい言動がどのように見え、どのように感じられるものであるかを記憶にとどめておくことができる。

■小さなプラスの変化を認めることは、変化に対する自信とやりがいを生む。

否認は場合によっては必要だが、それよりも改善された点にすばやく気づいて受け入れることが重要だ。

繰り返される言動への対処

正しい行動があまりに少なく、問題行動ばかりが続くときは、否認と「対処《コーピング》」が必要になる。リーダーとの合意のもと、フォロワーは「否認」のフィードバックを用意しておく。

■「あなたがその言動を繰り返していることに私が気づいたら、教えて差しあげましょうか?」

リーダーは、変革の大切さを頭でわかっていても、なんらかの理由で実行できないのであれば、組織による「対処」を受け入れ、自らの言動が及ぼす悪影響を最小限に抑えなければならない。この場合「対処」とは、組織が機能的に活動できるようにする一方で、リーダーの有害な言動には「否認」で応じるというものだ。その例を以下にあげる。

■リーダーがいつも午前一〇時に仕事を始める場合、スタッフは午前八時から仕事を始め、リーダーに残業を要求させない。

■リーダーが仕事の流れを滞らせる場合、三日待っても書類のサインをもらえないときは、スタッフはその書類をリーダーの机から取り戻して、代わりにサインする権限を得る。

■リーダーがスタッフを怒鳴りつけたり暴言を吐いたりした場合は、スタッフは席を立ち、リーダーが落ち着くまで部屋を離れる。

■リーダーが会議を支配しがちな場合、リーダーであれ、ほかのメンバーであれ、人の発言を妨げるたびに五ドルを組織の積立金として供出するというルールを定める。

リーダーと合意を交わすことで、言葉によるフィードバックではなく、行動によるフィードバックができるようになる。その意義は大きい。なぜなら、リーダーが望ましくない言動を繰り返していると、やがてフォロワーは注意し続けることに気後れを感じるようになるからだ。変革を進めるには、行動にはなんらかの結果が伴うということを認識する必要がある。リーダーは自ら招いた結果を知らされることで、結局、言動が改められなかった場合に社会からもたらされるはずの、さらに厳しい反応を予期できるようになる。また、対処の方法を決めておけば、リーダーが改善に取り組んでいるあいだ、フォロワーはリーダーに煩わされることなく、自分たちのニーズと組織のニーズを満たすことができる。

現実的な期待

私たちが変えようとしている態度や言動は、自転車の乗り方を覚えるずっと以前から体に刻み込まれ、それと同じくらいいつまでも体が覚えているものかもしれない。

幼いころから話してきた言語と異なる新たな言語を習得しようとするとき、最初に覚えた言語の発音様式がどうしても残ってしまう。口と舌はいったん覚えた型を忘れようとせず、訛りを減らすことはできるが、完全に消すことはできない。それと同じことが、私たちの人格の核となる部分についても言える。これに関して、いくつかの点に留意すれば、変革への取り組みを支援する際に役立つだろう。

■完璧な反応を期待しない。私たちが完璧でないのと同様に、リーダーも完璧ではない。
■性格が一八〇度変わることではなく、強さと弱さのバランスがとれることを期待する。
■たとえば、スタッフを傷つけても結果を重視するような方向から、フォロワーとプロセスに配慮する方向への変化というように、相反する価値観についてどちらかを選ばせるのではなく、重点の移動を見るようにする。
■ある行動を即刻やめることを期待するのではなく、その行動と影響を自覚することを期待する。
■「まちがい」を犯したことの自覚を、自己を見つめ直してその行為を改める前兆と捉える。
■心的圧力によって逆行が起きることを覚悟する。それは、学習サイクルでは自然なことであり、さらに成長するための機会となる。

リーダーの好ましくない言動が一向に改善されないのを目の当たりにすると、フォロワーは失望や怒りを感じるかもしれない。しかし、そうした感情に振りまわされて、支援をあきらめてはいけない。勇敢なフォロワーは、組織の使命という大きな目的を持って変革に参加し、細々した失敗にはこだわらない。結局は組織の能力を高め、バランスを保たせてその目的を達成することを目指しているのだ。そうした期待は現実的で重要である。

粘り強さ

たいていの行動と同じように、変革についてもその成否を決めるのは粘り強さである。粘り強くなければ途中で「あきらめて」しまい、あきらめた人は、もはやその状況に対して責任を負わない。そういう人は、程度の差はあっても孤立するようになる。

孤立は、フォロワーやリーダー、組織に成長をもたらさない。リーダーの不適切な言動による害を被っている組織は、フォロワーのひたむきなエネルギーも失ってさらに害を被り、共通目的は深刻な影響を受ける。

思うような変化が起きないのには、さまざまな理由がある。

■タイミングが悪い。
■ほかに気になることがあって、努力がおざなりになる。
■外からの介入がうまくできていない。病気の場合と同様、セカンド・オピニオンが必要になる。
■目標があまりに遠く、やる気になれない。
■さらに上の人や他の影響によって、努力が台無しにされる。

■フォロワー自身の変革が進んでいないために、リーダーの変革を促進させられない。

どのような関係においても言えることだが、困難を乗り越えて対人関係の問題を解決するには、リーダーにもフォロワーにも意欲と粘り強さが欠かせない。

組織の意識と行動様式の改善に努めるリーダーは、さまざまな方法を見つけて、自らのメッセージを組織の全員に届ける。たとえば、顧客サービスのキャンペーンは、研修、講演、ニュースレター、ポスター、ビデオ、フォーカス・グループ（市場調査のために抽出された消費者グループ）、プロセスの再構築、報奨制度、授賞式などの手段を使って長年行なわれている。リーダーの意識を高めて、彼らの選択に影響を与えようと努めるフォロワーも、メッセージを理解させるさまざまな方法を見つける必要があるかもしれない。変革に必要なのは、忍耐強さと決断力、創造性と決断力、そして決断力とさらなる決断力である。

勇敢なフォロワーは、変革の取り組みを権力闘争へと堕落させず、最後までやり通すことができる。もっとも、プロセスを進める動機となるのは、リーダーに影響を与えたいという気持ちではなく、共通目的を達成したいという思いと、リーダーと組織と組織が仕える人びとの幸福を願う気持ちであるはずだ。

もし、私たちが傲慢になり、リーダーに対して横柄な態度をとるようになったら、それは自分自身を「見失っている」証拠である。自分の個人的感情や、権力に関わる動機がその引き金となっている。自分が本気で取り組んでいない領域にリーダーを引き入れることはできない。

リーダーと自尊心を闘わせるという不毛な行ないをするよりも、まずは自分の問題を片づけるほうが賢明だ。

忘れてならないのは、リーダーは見えないところで変化している可能性があるということだ。その奮闘の様子は、卵の孵化に似ている。外からは見えない殻のなかでひなは懸命に外に出ようと努力し、やがて殻にひびが入り、外に出られるほどの穴ができる。こちらが、この人物の心を動かすのは無理だ、変えられるはずがないとあきらめかけていると、ふいに相手が突破口を開くこともある。夜明け前がいちばん暗いという言葉もあるように。そして私たちも、この人間関係をうまく運ぶのは無理だと悟りかけていたそのときに、自ら突破口を開いて打開策を見つけるのかもしれない。

確認

生じた変化は、認められることを求めている。人は誰しも自分のことを善人だと思っている。その思いに周囲から疑問を投げかけられ、理想の自分に近づくために困難な道を歩いてきた人は、欠点だけでなく、改善された点についてもはっきりと教えてもらう権利がある。言動を改めたことに対する見返りという意味ではない。第一、見返りという言葉には、いささか作為的で屈辱的な響きがある。そうではなく、誰の目にも明らかな本物の成果や勝利に対して、敬意を示そうというのだ。

とはいえ、改善の兆しが見えたら、すぐにそれを認めるということではない。そのように、早々と認めてしまうと、リーダーの意欲を失わせるおそれがあるからだ。認めるべきは、その変化が持続しているということである。

■「あなたが……をなさっているのを、私が常に見ているということをご承知おきください」

■「私たちの関係の……の問題や、それがもたらした影響に、私はもう悩んでいないということをご理解ください」

■「この数カ月間、これまでになく気持ちよく一緒に働けました」

■「あなたが……であると、現場から賞賛の声を数多く聞きました」

■「思いますに、私たちが出している結果は、少なからずあなたが……に関して起こした変化のおかげです」

■「あなたには頭が下がります。そのような努力をなさるにはどれほど勇気がいることでしょう」

私たちは、一生のあいだに数多くの勝利をおさめるかもしれないが、そのなかでも、本物の変革を成し遂げるのは、最も困難で最も価値のある勝利だ。変革に成功したリーダーの身近にいるフォロワーは、リーダーと世界に対し、その成功の証人にならなければならない。周囲が認めることによって、その改善されたパターンは強くなり、行く手に苦境が待ち構えていても簡単にほころびることはない。

第6章◉道義的な行動を起こす

正当性を確信できるか

私たちの行動の大半は、道義的に正しいと思える範疇におさまるものだ。しかし、ときには境界線ぎりぎりか、ともすればそれを越えつつあると感じることがある。そのような倫理の瀬戸際に立たされたとき、私たちは自らの価値観を見直し、自らが正しいと思うところと損得勘定との葛藤に向き合わなければならない。そして自由意志というすばらしくも厄介な能力の出番となる。その選択によって、私たちの人格と、おそらくは評判が、定義あるいは再定義されることになる。

組織の一員であるとき、この行動はさらに複雑なものになる。その場合、自らの選択や行為だけでなく、同僚やリーダーの選択や行為についても道義的に正しい立場を保たなければならないからだ。道義的な境界線を越えているか、越えるおそれのある行為に疑問を感じ、異議を唱え、それでもその行為が続くようであれば、私たちはさらなる選択を迫られることになる。

たとえば、業績をよく見せるために短絡的で疑わしい、あるいは明らかに欺く意図を持つ方法をとらせようとする強い圧力がかかることもあるだろう。その圧力は組織のより深部の力学がもたらすもので、一人のフォロワーがコントロールしたり、影響を及ぼしたりできるレベルを超えているかもしれない。それでもフォロワーは、組織を支配する空気を受け入れるか、あるいは厄介でむずかしい立場に追い込まれるのを覚悟のうえでなんらかの行動をとるか、選択しなければならない。このときこそ道義的な行動をとる勇気が必要になる。

道義的な立場とは何か。行動を起こすにしても何かを拒むにしても、そのプロセスには多くの段階があり、それぞれの段階で道義的立場が問われる。一つの段階で立場を決めれば、あとはそれにもとづいて行動するだけでいい場合もあれば、段階ごとに選択を迫られる場合もある。ある行動が不十分だとわかったら、さらにもう一段進んだ行動が必要になることを知っていて、個人的リスクが最も少ない行動を選ぶ人もいるだろう。

道義的行動の範疇には、倫理的に疑わしい会話や活動には加わらないという消極的なものから、組織がそうした活動を進めるようなら組織から抜け、さらには、公然とその活動に反対するという非常に積極的なものまで含まれる。さらに、そのあいだにいくつもの中間的な段階がある。

勇敢なフォロワーは組織の共通目的を第一とするため、道義的な選択をする際には、それがなんらかの行動を起こすものであれ、何かを拒むものであれ、組織への影響を考えなければならない。道義的に好ましくない行為をうまく阻止したとしても、その過程で大切な組織を著しく傷つけ、ときには崩壊させてしまうおそれもある。はたして、それで道義的な行動をしたことになるだろうか。

道義うんぬんとは別次元の話だが、そのような結末を避けるために、道義的に好ましくない状況を是正しようとする際には、段階的に進んでいくべきだ。

■道義的な行動を起こす際には、リーダーと組織の活動を、組織にふさわしい正しい価値観と調和させると同時に、目的を達成するための組織力を維持することを目指さなければならない。

それができないのであれば、せめて不徳の行為や道義的に疑わしい行為に加担しないようにしよう。

あなたがすでに勇敢なフォロワーとして異議を唱え、変革に関わっていると仮定して、「道義的な行動を起こす」と題された本章では、いくつかのポイントに絞って論を進めていく。組織のより高い地位の人に訴えるかどうか、組織にとどまるかそれとも出ていくか、こうした意思決定に関わる会話や行動の枠組みをどう決めるか、そして起こりうるさまざまな結果にどう対処するかといったことを検討していこう。

そのような道義的選択は、個人にとってかなり大きな賭けとなる。きわめて厳しい状況に追い込まれ、組織を自ら去るか、あるいは去ることを強いられる危険性があるからだ。

その大変さは、私も身に染みて知っている。三〇代半ば、それまでの人生のかなりの部分を捧げてきたある組織とそのリーダーのあり方が、次第に自分の価値観や考え方と食い違ってきていることに気づいた。初めのうちはリーダーの行動に自分が違和感を覚えていることに気づかなかった。心のなかの葛藤は、ストレス性の病気となって現れた。「ペルソナ・ノングラータ（好ましくない人物）」として内部改革の取り組みから外されて初めて、袂を分かつときがきたと悟った。

けれども、同年代の同僚のなかには、辞めるだけでは不十分だと考える者がいた。彼らは組織の活動に公然と反対する必要があると感じていた。一方、同じように不快感を覚えながらも、組織にとどまって内部から変革を図るべきだと考える者もいた。これが個人による意思決定だ。必ずしも、道義的にどちらかが正しく、どちらかがまちがっているわけではない。しかし、その決断に熟慮が求められるのはまちがいない。

健全なフォロワーシップというのは、自由意志にもとづく意識的な行為である。もはや自分たちが最善のこと、あるいは正当なことをしていると確信できなくなったときには、どんな選択肢が残されていて、それぞれどんな結果をもたらすかを検討しなければならない。そうでなければ、自分の行動に対する責任があやふやなロボットのような存在になってしまい、自分のためにならないのはもちろんのこと、リーダーや共通目的のためにもならない。

離脱

道義的な選択は、必ずしも組織からの離脱を意味するわけではないが、状況が改善されなかったり、組織の価値観に反発を感じたりするのであれば、組織を離れる可能性は常にある。自らの成長による自然な成りゆきとしてであれ、道義的な選択によってであれ、離脱という選択肢について考えておこう。

出会いと別れは人生の基調を決める行為である。人生や人間関係のさまざまな局面で、私たちは人と結びついたり別れたりする。生まれてから死ぬまで、それは人生の根幹に関わってくる。愛を見つけたり、失ったりというのもその一つであり、信頼を寄せられたり、裏切られたり、地位を得たり、投げ打ったりという経験も含まれる。

自分の一部をほかの人に捧げるというのは、家族や組織、社会における基本的な行為だが、捧げたその部分を取り戻す能力もまた、誰にも基本的に備わっている。最愛の伴侶と死別したら、ふたたび一人で生きるすべを見つけなければならない。伴侶に裏切られたら、傷ついた関係から抜け出して自分なりの人生を見つけなければならない。そして、自らの成長が組織の成長を凌いだり、あるいは停滞した組織を活性化できなかったり、組織がこちらの忠誠に背いたりした場合は、自分の要求を満たし、貢献する甲斐のあるほかの組織に移らなければならない。

こうした行為には、いずれも勇気が必要だ。好むと好まざるとにかかわらず、知っていることは予想がつくが、知らないことは予想がつかない。なじんだ状況から離れてうまくいくのか、いや、そもそも生き残ることができるのか。試してみるまで、それはわからない。勇敢なフォロワーが、リーダーから離れるのもやむなしと思える理由は、害のないものから生死に関わるものまで数多くある。

成長

立ち去るための最も好ましく自然な理由は成長である。リーダーが教育し、私たちは学んで成長する。ある時点で、彼らの庇護の下から離れる準備が整う。ほかによき指導者を探し、これまで学んできたことを試し、自分がいいと思うやり方で仕え、あるいはどんなふうにすれば納得がいくかを探る覚悟が整うのだ。

今のリーダーのことは尊敬し、愛してさえいるだろう。しかし、旅立つべきとき、自力で自分を定義するべきときがきたのだ。もっとも、自分を見つめ直したすえに、新たな方法によって今のリーダーと共通目的に仕えることを選択する場合もあるだろう。

これまで組織の目的遂行を担ってきたものとして、出ていく前に入念な準備をし、リーダーや組織への貢献が途切れることのないよう、自らの責任を後任に委ねるべきだ。いきなり組織を去って、混乱を引き起こさないようにしよう。

組織の最適化

組織の最適化を図るための別れというのは、個人が成長を目指して離脱するのとは逆で、リーダーや組織が成長するためにそのメンバーと決別するものだ。リーダーは新鮮な空気を求めることもある。長く務めてきたフォロワーの忠誠心と経験よりも、新しいアイデアが必要とされることもあるだろう。凝り固まった方法では、共通目的は果たせないからだ。

組織に新しい人材が必要だとフォロワー自身が感じたり、あるいは他人からそう指摘されたりしたとき、勇敢なフォロワーはそれを受け入れ、しかるべき人材を投入することでリーダーや組織が活性化されることを認める。大切なのは、この経過を人生の自然の流れと受け止め、自分の失敗と見なさないことだ。そして、その機会をうまく活用して自らのニーズを検討し、それにいっそうかなった新しい道を探っていく。

優秀なチームのメンバーが個人の成長やグループの最適化という理由でチームを離脱し、ほかの組織に加わったり新たに組織を築いたりしても、もとのチームは消えるわけではなく、活発なネットワークに姿を変えて存続する。分離が円滑になされ、それまでの健全な人間関係が保たれていれば、それぞれの領域と分野にわたってつながる人びとの絆から新しい力が生まれる。

疲労

私たちは極度に疲労すると、共通目的に仕えることができなくなる。気力が続かなくなったり、リーダーによって消耗させられていると感じたりしたら、自分を取り戻して元気を回復するために組織から離れることも必要だろう。

フォロワーがリーダーに捧げるのと同等の献身をリーダーに求めることはできないが、リーダーからの愛情は当然あるべきであり、それは重要なものである。もしそれが見られず、改善の余地もなければ、自分のために組織を離脱したほうがいい。

理にかなった行動

勇敢なフォロワーシップというのは、理にかなったフォロワーシップである。重大な失敗を犯して共通目的を達成しそこなったら、与えられていた地位から潔く身を引くべきだ。もしそのような失敗を犯したのがリーダーで、しかもそれを認めようとも改めようともしないのであれば、勇敢なフォロワーは唯一理にかなった選択肢として、辞職を申し出なければならないだろう。

やむをえない離脱、特に道義上の理由から強いられる離脱というのは、理性では納得できるが、気分は落ち込むだろうし、受け入れるのに時間がかかる。それでも覚悟を決める必要がある。

別離のむずかしさ

これまで献身的なフォロワーとして精力的なリーダーとともに同じ目的を追求してきた人にとって、リーダーへの支援を打ち切るのは心痛む選択である。心情としては、職を変わるというより、むしろ離婚に近い。離婚と同じように、その体験から立ち直り始めるまでに数カ月、完全に回復するまでに数年かかることもある。

リーダーは共通目的に注ぐ熱意と、そのために発揮する多くの魅力的な特性によってフォロワーの忠誠心を捉えた。そうした魅力がまだ健在であれ、つまらない欠点のせいでぼやけてきたのであれ、リーダーと別れることはフォロワーの心に葛藤を引き起こす。

別離がむずかしい理由はいくつもある。リーダーや組織が悪化していくと、何よりつらいのは私たちの夢、組織やその大義に寄せる期待、さらには私たちの未来が失われることだ。きっぱりと別れるには、この喪失の悲しみを覚悟しなければならない。

リーダーの力の反映を失うことへのおそれも、別離をためらう原因となる。それまで私たちは、意味深い人生を生きられるかどうか、自分の運命をコントロールできるかどうかをリーダーの運命に委ねてきた。別れたのちは、自分自身の方位磁針と力をふたたび見つけなければならなくなるだろう。こちらがリーダーの威光を失ったとたん、電話に出なくなったり、支援をやめたりする人がいるかもしれないが、いずれは真の人間関係が見つかるだろう。

ときには、特殊な組織やリーダーに長年に仕えるうちに、私たちが過度に専門化している場合もあり、この先どう生き抜いていくかという不安が沸いてくる。組織から離れた自分を誰が必要としてくれるのか。組織の外でどうやって生きていけばいいかがわからなくなっている場合さえある。ことに中央省庁や権利擁護団体、あるいは競争が激しい産業界の新興企業といった緊張に満ちた職場で夜昼なく働いている人は、家族や地域社会に関わる時間を犠牲にしがちだ。組織を離れたのちは、バランスのとれた生活に馴染む必要がある。

結局のところ、別離がむずかしいのは、それがアイデンティティの危機につながるからである。組織から離れてしまうと、自分が何者なのかわからなくなってしまう。集団への帰属意識が失われつつある現代において、組織はアイデンティティの重要な部分を占めている。なかでも極端な例はカルト集団で、そのメンバーはほかのどのような社会集団にも属さず、カルトの一員であることがアイデンティティのほぼ一〇〇パーセントを占めている。そこまで病的でないとしても、似たような現象は広く見られる。退職したばかりの人や仕事を失った人がその例である。組織への関わりをアイデンティティの基盤としていると、離脱による精神的リスクは高い。

別離に苦しむフォロワーは、次のようなことを自問するかもしれない。

■私とは誰なのか?
■何を信じるのか?
■何を求めるのか?
■組織の目的は、今も私の目的と同じか?
■この目的を遂げる方法はほかにあるのか?
■生き残るために本当に必要なものは何か?
■私の能力とは何か?
■これらの能力でほかに何ができるだろうか?
■私に充足感を与えてくれるものは何か?
■何のためなら、リスクもいとわないだろうか?
■真の友人は誰だろうか?
■リーダーや組織からどんな恩恵を受けているだろうか?
■彼らは私からどんな恩恵を受けているだろうか?
■こうしたお互いの恩義をどのように果たせばいいのだろうか?

アイデンティティは決して失われるわけではなく、かすんで見えにくくなるだけだ。組織の外に関わり合いや関心を持ち続けるようにしよう。そのこと自体にも意味があるが、それによって組織と切り離した自分のアイデンティティを保つことができる。そうしていれば、リーダーや組織から離れるべきときには、より楽に離れられるだろう。

経済面への影響

ほとんどのフォロワーは、あまり金持ちではない。離脱に伴う経済的問題は、往々にして精神的問題と同じくらい重荷になる。熟慮を重ね、リーダーの合意を得て離脱する場合は、経済面で困ることはそれほどないだろう。だが、突然の離脱という事態も考えておく必要がある。経済自分の信条から辞めざるを得なくなったり、組織と対立して解雇されたりするようなことになれば、経済的問題が生じ、ときには深刻なものとなる。

経済的な対策が整っていないと、責任感から勇気が挫かれることがある。私たちの多くは、働いて家族を養っている。一家で唯一の稼ぎ手という場合もあるだろう。大半の人は、失業が長引いたり、収入が著しく減ったりすると、生活水準に深刻な影響を受ける。しかし、経済的理由で地位にとどまっても、それが自分や共通目的のためにならなければ、精神的に失業するに等しい甚大な犠牲を伴いかねない。

特に周囲に不正が見られるときには、きわめてむずかしい葛藤を味わうこともある。一方には、見たままの真実を伝えたいという賢明な誠意、高潔な気持ち、自尊心の叫びがあり、もう一方には、家族への責任感、これまでのキャリアへの投資を惜しむ気持ち、そして正直な言葉を封じ込めてでも身の安全を図りたいという思いがある。フォロワーは、不測の事態に備えて経済的な対策を計画しておくのが望ましい。そうすれば、地位を失う不安から組織やリーダーに関する真実が語れなくなることは決してない。逆に言えば、そうした対策はリーダーにとっても有益で、部下からの率直な意見が届きやすくなる。

経済的対策としては次のような計画が考えられる。

■組織に「背を向けて」から復職するまでのあいだ、経済的ニーズを満たす預金。
■お互いのどちらかが道義心から職を去ることになったら、ほかの機会を見つけるか、つくり出すまで支え合うという夫婦間の合意。
■カードの限度額の設定が有利なあいだに、十分な額を定めておく。
■より高い地位についても、以前の収入の範囲で生活する。そうすれば、その地位を失ってもさしつかえない。
■自分の仕事の分野で目立つ存在でいる。そうすれば、組織を離れても同等の仕事が見つけやすい。
■仕事の分野を離れざるを得なくなった場合に、そちらでの発展が見込める副業や趣味、有利な技能を身につける。
■納得のいく解雇条件を明記した契約を結んでおく。

いつの時代も、若者は理想主義に燃え無鉄砲なものだが、年をとるにしたがって、保守的で実際的な選択をするようになっていく。たいてい年をとるにつれて、失うものが多くなるものだが、若いころの無鉄砲さをある種の勇気に代えていくことができる。他人に対して責任を負う勇気だ。経済的な対策が整っていれば、理想を犠牲にすることなく、強い立場から実際的な選択ができるだろう。

辞職の申し出

組織との離別は長い時間をかけて熟慮の末になされることもあるが、道義心ゆえの辞職は突然であることが多い。自分たちの背信がもとで辞めることもあれば、リーダーの背信に抗議して辞めることもある。まずは、自分たちの背信による場合について考えてみよう。

勇敢なフォロワーは、優れたリーダーの信頼を受ける側近となったその日から、その信頼を裏切ったら辞めることを覚悟しなければならない。リーダーとそのチームは、組織やその社会の価値観の枠組みのなかで互いに信頼し合い、共通目的を精力的に追求していく。その信頼に背いたように見えただけで、辞職に追い込まれるかもしれない。最初から、こうした万一の事態に備えておくことが肝心だ。辞職を迫られる状況になってからでは、精神的にも感情的にも物事をじっくり考える余裕や時間はないのが普通である。

信頼に背いた以上、辞職するほかないという思いは、自分がなぜここにいて、誰のために働いているのかを考えるところから生じる。辞職することによって、共通目的に対する誠意を表明し、組織社会の価値観が正しいことを証明しようとするのだ。自分を捨て去るわけではなく、自尊心ゆえの決断である。自分を、リーダーを、さらには組織を深く尊重しており、道義的義務感を避けてのうのうとしてはいられないからだ。

こうした状況下で、その道義的声明が効果をあげるためには、迅速に辞意を表明する必要がある。時機を逸すると、圧力に屈したようにとられ、実際にあったかどうかは別として、背信行為を潔く認めたようには受け取られない。効果的に辞職をすれば、それだけで罪が贖えることもある。この段階では、自分の幸福やその後の展開を考えるべきではない。もちろんそうした不安はあるが、急いで決めなければならないことではない。

その一方で、辞職は軽々しく申し出てはならない。どんな過ちにも辞職で対応しようとするのはまちがいだ。リーダーに完璧さを求められないのと同様に、自分にも完璧さを求めることはできない。組織も個人も、自らの目的を追い求め、行動し、失敗し、そこから学び、さらに行動することで目的を達成していくものだ。また、勇敢なフォロワーは、事態を収拾する責任から逃げるために辞職するようなことがあってはならない。その場にとどまって、何年もかけて自分たちの行動の結果を見届けるのは、去るよりも勇気がいることかもしれない。

フォロワーが辞職を申し出てリーダーを守る場合もある。リーダーの価値に敬意を示し、彼が原因ではない大きな失敗や、承認していない行為から彼を遠ざけるための決断である。辞職は責任の所在を明確にする勇気ある行為ともなるだろう。しかし、リーダーのために「責めを負う」ことは、責任をあいまいにし、共通目的にも良い結果をもたらさない。

リーダーと関わり始めた段階で、勇敢なフォロワーは辞職の基準を定めておくことだ。

■どのような状況で辞職すべきか？　どのような行動が、組織とその社会の基本的価値観に背くことになるのか？

■どのような状況で辞職を検討したほうがよいか？　どのような行動が組織の価値観に背くと見なされるのか？　たとえそれらの行動が、背信というより判断ミスであったとしても。

■どのような状況で自分の立場を固守すべきか？　どのような場合に、そうした行動が組織のためになるのか？　そうすることで自分やリーダーが傷つくとしたらどうか？

こうした自問をすることによって、価値観がはっきりし、今後の行動の方針を立てることができる。そうすることによって、実際の背信行為や背信ととられる行為を未然に防ぐことができるかもしれない。

実際に辞職するのが妥当なときは、勇敢なフォロワーは迅速かつ慎重にリーダーに申し入れる。リーダーがフォロワーの辞意に同意したら、その決断をどのように発表し、実行するかを決める。チームはそれを全員で取り組む最後の仕事として、組織の価値観を確認し、組織の目的遂行が滞らないよう万全を尽くし、辞めていくフォロワーのこれまでの貢献に敬意を示す。

問いただすことと抗議

辞職する覚悟ができれば、結果的にそうなる可能性も含めて、ほかの有効な策を検討することができる。道義的に不快感を覚える命令あるいは方針に直面した場合、組織の上層部に問いただすか、抗議するという選択肢がある。この選択肢は、道義的に正しい場合が多いが、実行するうえで気遣いが生じる。

まず気がかりなのは、問題の命令を出した直属の上司との関係だ。この上司とよい関係にあれば、当然、自らの懸念を上司本人に伝えるだろう。はっきりとそれを伝えたにもかかわらず上司が姿勢を変えなければ、ほかの点では尊敬するこの上司を通り越して上にそれを伝え、彼にとって面倒な事態を引き起こす可能性が出てくる。逆に、すでに上司とぎくしゃくした関係にあれば、最初から彼を避けてその上の上司にかけあいたくなり、いっそう張りつめた関係になる。

このような場合、守るべき原則は、上司との関係にできるかぎり気を配りつつ、自分が正しいと信じる道を進むことだ。通常は、上司にこちらの意図を伝える必要がある。

■「おそれながら、この件についてあなたとは根本的な意見の相違があります。実行に移す前に、よろしければ一緒に……（一段上の上司）に相談したいのですが」

■「……さん（一段上の上司）はこの行動を承認していると伺いましたが、それでも不安がぬぐいきれませんので、とりかかる前に直接……さんに相談することにご同意いただきたい」

■「私はあなたを大変尊敬しているので、裏切ることはできません。ですから、これが実施される前に、私は……さん（一段上の上司）と話すつもりでいることをご承知願いたい。ご同席いただけるようであれば、どうかお知らせください」

ときには、これほど直截に直属の上司に意向を伝えるのは怖く思えることもある。事前通告などせずに、いきなり上層部に話を持っていきたい気になるだろう。勇敢なフォロワーならば、本当にそうする必要があるかどうか自問すべきだ。自分は必要以上に心配していないか。直属の上司が、これから起きるはずのこちらの行動を知ったとき、組織内の力学にはどんな影響があるか。

上司の命令または方針について、上層部に問いただすべきか、それとも抗議すべきかを決める際にもう一つ気をつけるべきなのは、予期される上層部の反応である。そうした行動には、二つの異なるレベルの危険が伴う。

命令または方針を「問いただす」とは、その命令や方針を実行に移す前に説明を求めることだ。その意図は、誤った情報やコミュニケーション不足のせいで重大な失敗を犯すのを防ぐところにある。上層部が発案者かどうかによって、質問の内容は違ってくる。

■命令または方針は、発案者が意図したとおりに伝わっているか?

■上層部は、命令または方針が実行される状況について十分な情報を得ているか?

■上層部は、現状で命令または方針が実行されたときに起こりうる結果を十分に考慮しているか?

■その行動の責任を問われる最高責任者は、これらの要因について十分な説明を受けているか?

■指令を出している人たちは、その行動を実行することになっている人に対し、指令の背後にある意図を理解できるような情報を提供できるのか?

一方、「抗議する」ことは、命令または方針の取り消し、変更、延期をはっきり要求することである。問いただして、満足のゆく説明が得られなかった場合に「抗議する」こともあるし、問いただすことなく最初から抗議することもあるだろう。

■「おそれながら、以下の理由から今回の命令の取り消しを求めます。……」

■「ただ今述べた理由から、この方針が広く公表される前に以下の改正をしていただきたいのですが……」

■「今回の提案指令に対する異議を上司の……と十分に話し合いましたが、彼は依然として指令を発する決意です。彼のことは日ごろから尊敬していますが、私たちの任務に支障をきたすおそれがあることから、異例を承知のうえでこちらへ直接うかがいました。指令を一時中断し、再検討していただくことをお願いします」

フォロワーとしては、直属の上司と、今直訴している一段上の上司とのあいだにはそれなりのつながりがあることを念頭に置いておかなければならない。この一段上の上司は組織の共通目的や価値観を守るために最善を尽くしつつ、判断ミスを犯したかもしれない直属の部下（フォロワーにとっては直属の上司）の意欲と成長を気遣わなければならないのだ。

訴えたことによって、懸念が完全に解消されることはないとしても、命令または方針の最も問題となっていた箇所が修正されるかもしれない。勇敢なフォロワーとしては、共通目的にとってどうすればベストかを再度考えてみるべきである。対応が不完全だったとしても、自分の道義心に鑑みて修正案に妥協できるなら、共通目的にとってはそれが最善の方法だろう。

それでもなお承服できなかったり、さらに厄介なことに、こちらとしては道義的に納得できないもとの命令または方針に上層部が完全に同意していることがわかったりした場合は、次の段階の道義的行動を考える必要がある。

服従しない義務

リーダーが方針なり行動を変えるとはとても思えず、結局フォロワーは潔くチームに従って、その方針を支持せざるを得ない場合もあるだろう。しかし、上の命令や方針がどうしても道義的に受け入れられないこともある。この場合、勇敢なフォロワーは、その実行への関与を拒むことを考えるべきである。

方針または命令の実行を拒む権利と拒む義務はほとんど区別できず、行使される状況もほとんど同じである。基本的価値観や共通目的に反すると思われる方針または命令を受けた場合、それらの実行を拒む権利と義務の出番となる。

たとえチーム全体が従っても、私たちには服従しない義務がある。そうするには計り知れない勇気がいる。同調を求める圧力がきわめて大きいからだ。不服従を表明する勇気だけでなく、脅したりすかしたりして翻意を促されたときに断固として抵抗するための、さらなる勇気が必要となる。

不服従の決意をするうえで、指針とするべき不変のルールなどない。それぞれの行動が、特別な独自の状況で生まれた一つの原則となる。何度となく価値観の対立が起こる。たとえば、異なる文化で形成された価値観は本質的に対立するだろう。要請を拒むことが正しく必要な行動であると決断するには、思いやり、知性、自尊心、そしておそらくいくぶん高度なアドバイスも必要とされるだろう。どのような状況であれば、方針または命令の実行を拒むことが許されるだろうか。

- 人の生命もしくは健康が、不必要に危険にさらされている。
- 一般の良識に反している。
- 法律が便宜主義の犠牲になっている。
- 組織の目的が損なわれている。

■組織の利害関係者が基本的恩恵を与えられていない。
■派閥や特別なグループの利益が優先され、公共の利益が後回しになっている。

自分より、むしろほかの人たちの権利と幸福が脅かされるときこそ、方針または命令を拒むことがさらに重要となる。そのようにして、この社会の秩序は保たれている。他者のための不服従はより表明しやすいが、いっそうの勇気がいる。というのも、自分にとって得るものはごく少なく、失うものはかなり多いからだ。

勇気をふるって指示に従うことを拒むとき、人は自らの行動を正しく必要なことだと信じて疑わないものだ。しかし、不服従の決断が実は誤りで、組織に深刻な結果をもたらす場合もある。誤りかもしれないという不安から注意深くなるのはいいとしても、身動きがとれなくなってはいけない。判断ミスの責任をとる覚悟も必要だ。

不服従の行動について正式に審査する場合は、なぜそのような行動をとったのか、その理由を調査することが望まれる。その行動が正しい価値観と共通目的を大切に思う気持ちから生じているなら、それと権威に服従することの価値とを天秤にかけて、しかるべき判断が下されるだろう。

辞職の脅し

道義的に抵抗がある命令に対して不服従を表明し、さらには実際に従わなかったとしても、向こうがあくまでそれを無視するのであれば、自分が背信したときに辞任の覚悟を決めるように、抗議のための辞職を覚悟すべきだ。組織やリーダーへの支持を取り下げるのは、フォロワーが周囲に影響を与える手段の一つである。その選択肢は誰にでもあるが、ふだん表面化することはない。フォロワーが長期間リーダーに仕えてきた組織では、フォロワーの変わらぬ忠誠は当たり前のことと見なされている。リーダーが変革の必要性を深刻に受け止めないとしたら、フォロワーはその手段を選択し、はっきりと警告をしたうえで支持を取り下げるべきだろう。

リーダーには、私たちが「どのように」感じているかを伝えるだけでなく、問題についてどれほど「深刻に」心配しているかを伝えなければならない。真の組織とはいえない集団では、人は不満があれば去っていくだけだ。不愉快でエネルギーのいる対立に関わろうとはしない。しかし真の組織では、メンバーは去ることを決断する前に、はっきりと強く自分の意見を述べる。

すぐにも辞めるという警告は、軽々しく使わなければ、こちらの懸念の深さを表明する正当な方法である。忠実なフォロワーと見なされていれば、その問題をめぐって離脱も考えているという事実は、発言の影響力をより強くする。

■「この決定で一緒にやっていくことはできないと言わざるを得ません。この決定は、組織の仲間を無用な、受け入れがたい危険にさらすに違いないと思います」

■「この件についてはっきりさせなければなりません。私はそのやり方についていくことはできません。組織の基本理念に反すると考えるからです」

■「組織の姿勢の修正について合意が得られない場合は、まことに残念ですが私は加担できませんので、辞めるほかありません」

基本的価値観が対立するとき、核となる方針の違いが深刻に受け止められないとき、あるいは変革の取り組みが口先だけで済まされるときには、支持を取り下げるという脅しは重要な道義的手段となる。こうした状況で起こりうる結果には辞職も含まれると伝えれば、問題を浮上させて重視されるようにし、変化を起こせるかもしれない。たとえうまくいかなくても、状況はまちがいなく明らかにされ、こちらは進退の決断がつく。

非常識なリーダーというジレンマ

男性でも女性でも、非常識な人は、ときに文化を変える主要因子であると言われる。分別のある人たちは周囲の状況に自分を合わせるが、非常識な人は自分の要求を満たすために周囲の状況を変えていくからだ。

非常識なリーダーの強みは、既存のパラダイムにとらわれずに物事を考え、まったく新しい可能性を思い描けるところにある。こうしたリーダーが現れると状況は一新する。突然、何もかも違った感じがする。期待がけた外れに高まる。安定は価値をなさず、あらゆるところで変革がなされる。これまでの仮定条件はすべて先入観のない状態に戻され、真偽を問われる。物事の進む度合いは著しく加速され、人間関係は様変わりする。世界は、もはやこれまで私たちが知っていたものではない。

非常識なリーダーには、勇敢なフォロワーでさえ変化の速さとその範囲の広さに困惑を覚えることがある。そのようなリーダーに抵抗し、彼らの行動の結果を恐れる可能性もある。そうした行動は、組織が生き残るため、もしくは突破口を開くために必要なものかもしれないが、たとえそうであったとしても、こちらがそのパラダイムの先を見通せず、リーダーの洞察力を評価できず、落ち着かない気分を消化できない場合は、支持を取り下げたくなるかもしれない。

因習を打破するリーダーが組織を率いるとき、私たちは自らの惰性や恐れと、正当な懸念を、どうやって区別すればいいのだろうか。ここでもまた価値観と目的がそのガイドラインになるはずだ。

■組織及び社会の基本的価値観（価値観の末梢部分ではなく、核となる部分）は尊重されているか？

■共通目的の達成に役立たない瑣末な価値観が横行していないだろうか？　たとえば、ある社会福祉事業部では、スタッフを甘やかし、無理をさせないことが一つの価値観となっており、それが肝心なサービスの質と量を低下させている。

■誠実さと良識は十分に守られているか？　その二つは、基本的価値観をいかに尊重しているかを示す重要なバロメーターだ。リーダーが誠実に意志を伝え、スタッフを良識的に扱っていれば、たとえ一時、仕事をやり遂げるためにその二つが後回しにされることがあっても、力の乱用にはいたらない。

■この慌しい動きの先にあるのは共通目的の達成なのか？　その裏にリーダー独自の計画が隠されてはいないか？

■行動に伴うリスクは正当なものか？　「非常識な」リーダーはハイリスクを負う可能性があり、そうしたハイリスクは、何もしない場合のリスクや「安全な」行動をとった場合のリスクを上回るものだ。

■グループの意見は提起を促され、かつ尊重されているか？　それによって組織はより強いチームとなり、目的を達成しやすくなる。

価値観が尊重され、目的が果たされているのであれば、リーダーの革新的な計画に参加できる。しかし、その二つが尊重されていないのであれば、リーダーの行動を見直す必要がある。その行動が才気にあふれ、勢いがあり、当座は都合のよいものであっても、良識のある堅実な価値観が伴わなければ、安心して権力を委ねることはできない。

価値観の再検討

リーダーが権力を乱用し、その行動が自ら宣言した価値観とあまりに食い違ったとしても、逆にこちらがその矛盾に気づかないことがある。「認知的不協和」（矛盾する信念や態度を受け入れることによる葛藤）のなせるわざである。しかし意識の片隅では、確かに違和感を覚えているはずだ。それに注意を払うようにしなければならない。

次第に矛盾に気づいていくか、あるいは私たちの良識では考えられないような出来事で気づかされるか、いずれにしても、その気づきがきっかけとなって、リーダーの真の価値観を厳しく検証することになる。その方法を以下にあげる。

■自分の価値観のリストをつくる。
■リーダーが明言する価値観のなかで共有できるもののリストをつくる。
■最近リーダーがとった行動のリストをつくる。
■私たちの価値観ならびにリーダーが認めた共通の価値観に一致する行動、一致しない行動を再検討する。

価値観の再検討を終えたら、決断を下さなくてはならない。

■リーダーの行動の大半が私たちの価値観と一致し、著しくずれるものがなければ、支持を続けるべきだ。
■リーダーの行動が私たちの価値観と大きく食い違い、基本的価値観を著しく踏みにじるようであれば、支持を取り下げる覚悟をすべきだ。

この過程で重要なのは、発言と行動を区別することである。価値観を踏みにじるリーダーは、自分の行動を言い訳してごまかそうとする。私たちはリーダーが共通目的を果たしていると信じているかぎり、そうした言い訳を信じがちで、不正な行為を否定しようとする。リーダーを擁護することさえあるだろう。行動を厳しく見直せば、状況ははっきりしてくる。

フォロワーの自省

勇敢なフォロワーは、リーダーが組織の価値観を満たさず、目的遂行の役割も果たしていないと確信し、支持の取り下げを考えている場合は、行動を起こす前に自分のことも反省してみるべきだ。

たいていの組織では、リーダーへの不満をもらすと同僚は共感してくれるものだ。友人や家族も同様だろう。私たちはそれを自分の考えに対する強い支持だと勘違いすることがある。自分の行動が組織とそれが仕える人びとのためになるように、正しい助言を得るようにしなければばならない。助言が必要なのはリーダーだけではない。正しい動機による行動を見分けるうえで、次のようなことが役に立つ。

■同僚に助言を求める。リーダーに対するこちらの態度を客観的にどう感じるかを尋ねる。

■そうするためには、誠実な同僚を幅広く選択し、これまでずっと味方してくれた人ばかり選んではならない。

■こちらの懸念を扇動的な言葉で表現すべきではない。その点に気をつければ、結局、支持し続けることになっても、そこにいたるまでの検証作業をとがめられることはない。

■同僚を自分の味方につけるため、あるいは決意に対する自分の責任を軽減するために、彼らの意見を求めてはならない。

■できるだけ多くの客観的意見を求める。自分の主観的意見と置き換えることはできないが、それを考察する材料となる。

■リーダーに望むのと同じように、自分たちも異議を快く受け入れなければならない。リーダーにこうあってほしいと望む姿勢をまず自分が示すことだ。

相談した相手に、きみの批判は的が外れている、権威や権力拡大にからむ自分の問題で混乱しているか、全体像が見えなくなっているようだから、支持を取り下げるのはやめたほうがいい、と言われたら、真摯に受け止めなければならない。しかしその助言が、こちらの今後を案じてのものであれば、勇敢なフォロワーはそれを無視して、価値観と目的を最優先することを選ぶだろう。

支持を取り下げる決断

フォロワーシップが最低限守るべきことは、リーダーについていくにしても、いかないにしても、自らの決断に責任を持つことだ。ぎりぎりの状況にあっても、私たちは自分の価値観からすれば許しがたいものを支持するかしないかを決めることができる。これがニュルンベルク裁判（一九四五～四六年に行なわれたナチス・ドイツの指導者に対する国際軍事裁判）の原則だ。

それが命令であったとしても、責任から逃れられるわけではない。もちろん、選択は自らの完全な価値体系に照らし合わせてなされている。家族への愛情や責任といった、また別の価値観が選択をむずかしくし、とても苦しいものにするかもしれない。それでも常に、最終的に決めているのは自分であり、その責任も自分にあるのだ。

誠実に自分と向き合ったうえで、リーダーを変えようと懸命に働きかけても、なおリーダーの行動と自分の基本的価値観のあいだに大きなギャップを感じるようであれば、支持の取り下げを真剣に考えるべきだ。献身は人間関係の核である。だが、こちらがどれほど精力的に改善を図っても、関係がよどんでいたり、害を及ぼしたりするようであれば、それに縛られる必要はない。

こうして人間関係の根本的な立て直しを図っても、リーダーがバランスよく力を行使できるようにならないのであれば、問題の根源はリーダーの精神の深いところにあるのかもしれず、そうなるとフォロワーの手に負える範囲ではない。自分にはどうしようもない段階がきたらそれを見定め、当然の選択としてすみやかに身を引くことである。

価値観の侵害が著しく、またリーダーとの距離が近いほど、支持を取り下げる義務は重くなる。たいていの場合、早い段階でリーダーの価値観の実態を知ることができるのは側近グループだけで、その責任は大きい。ほかの人たちが見ているのは、おそらくリーダーの表向きの顔なのだ。まちがった価値観を持つリーダーを擁護して権力が集まるままにさせることもできるし、自分たちが与えているカムフラージュをはぎ取ることもできるのだ。

リーダーへの支持を取り下げるときには、次のようなことを心にとどめておこう。

- 組織のなかでいち早く支持を取り下げる場合は、自分の価値観を確信し、観察力に自信を持ち、孤立しても貫く勇気を持つことが必要だろう。
- リーダーから離れたら、リーダーと共有していた目的が正当なものかどうかも疑うべきだ。
- 正当な目的であれば、リーダーとのつながりは関係なくその目的に貢献することを検討し、その達成を図る自分なりの方法を見つける必要がある。
- リーダーと離れた後も、よく考えないまま惰性で大義を支持し続けたり、逆に大切に思っている大義、組織、またはプロジェクトを安易にあきらめたりすれば、感情的にも、物質的にも損失が増すだろう。

■リーダーの下を離れた後に、リーダーを誤解していたことがわかれば、その経験を生かして自分とリーダー一般との関係について理解を深めるべきだ。ただし、確信に従い勇気をふるって行動した自分を決して責めてはいけない。

リーダーへの支持を取り下げた場合、多くのことにけじめをつけなければならないだろう。たとえば、なぜそれまで長いあいだリーダーを支持したのか、大義ないし仕事の名目でどんな行動をとったのか、など。そのうえ、いくらかの喪失感と後悔の念を受け入れなければならない。いずれもたやすくはないが、身を引く勇気がないために事態を悪化させるよりはるかに好ましい。

告発の責任

リーダーへの支持を取り下げる決意をしたからといって、必ずしもリーダーを否定する必要はない。ただ、自分が支持すべきなのはより重要な目的とより優れた価値観を持つリーダーだと確信したか、あるいは自らのリーダーシップ能力を試すときがきたと決断しただけなのだ。詳細な理由を述べずに、穏便に身を引くこともできる。これが最も一般的な抜け方であり、リーダーとの関係はともかく、履歴書と推薦状はほとんど無傷のままだ。

しかし、状況によってフォロワーは引き続き責任を負わなければならない。リーダーの行動が組織や社会を著しく脅かしている場合、黙って身を引くのは適切ではない。そうした行動に世間の厳しい目を向けさせる必要がある。一線を越えたと判断されるのは、人命の尊重、児童福祉、あるいは法の支配やその他基本的な道義的価値観が侵害されたときだ。人目にさらすことは、権力を乱用したり、組織のメンバーのそのような行為を容認したりするリーダーから力を奪う第一の手段である。

この重大な局面のどこかで、人は勇敢なフォロワーから内部告発者に変貌する。内部告発者が、すべて勇敢なフォロワーとは限らない。なかには個人的理由から権威に背き、怒りのままに動く人もいるだろう。臆病な人もいるかもしれない。彼らは自分たちが発見した不正行為を正す機会をリーダーに与えていない。世間への公表が早すぎると、人間関係は決定的に損なわれ、組織の任務遂行能力に害を及ぼすおそれもある。

一方、勇敢なフォロワーがすべて内部告発者になるとは限らない。内部告発者という言葉が、リーダーと闘ったり、不正を正したりするために組織を離れることを意味するのであれば。多くの場合、勇敢なフォロワーは、気づいた状況を改善するためにリーダーとともに力を尽くす。それに成功すれば、内部告発者になる必要はない。当然ながら、フォロワーが内部告発者になる決断をするかしないかは、組織の不正を改善しようとする彼らの働きかけにリーダーがどう応えるかにかかっている。

あなたが関与している組織のさまざまな階層のリーダーが、重大な違反を問われても応じなかったり、対応をいつまでもぐずぐずと先延ばしにしたりしているようであれば、組織を離れることを考えなければならない。目に見える証拠がすべて事態の悪化を予言しているのであれば、忠実なフォロワーとしては、事態がよくなるという楽観的予測を棄てなければならない。もはや言葉を信じられる段階ではない。信じられるのは行動だけだ。

リーダーの行動が、基本的な人間の良識、もしくは公共の福祉を守るためにつくられた法律や規則に反する場合は、勇敢なフォロワーは次のような段階的な対策を考えなければならない。

■人間としての基本的価値観や、それを守るための法律や規則に反する最初の出来事なり気配が生じたら、その段階、もしくは必要に応じてさらに進んだ段階で積極的に抗議しなければならない。その際、リーダーの関心をうまく引くために、あらゆる有効な手段を用いる。

■ふたたび事が生じた場合、今後どんなかたちであれ、それが繰り返されるようなことがあれば、一切の支持を取り下げるつもりだという道義的姿勢をはっきりと表明すべきだ（極端な場合、意志を表明することによってフォロワーの安全が脅かされそうなら、三度目の出来事が生じたらどうなるかについて具体的に語る必要がある）。

■万一に備えて、リーダーの不徳の行為を詳細に記録して告発する準備をしておく。そうすれば、申し立てが安易に疑われずにすむ。

■さらに事が生じた場合は、可能なかぎりのルートで不徳の行為を告発しなくてはならない。

■自分が申し立てようとすることのすべてについて証拠文書や裏づけ証拠をそろえることはできないが、一つでも得られたら、人びとの注目をその一点に集めることだ。リーダーや組織の不正行為を暴く疑いようのない一枚の証拠文書は、反論の余地のある数多くの疑惑よりはるかに強い力を持つ。

ひとたびリーダーの行動を公に否定し、思い切った発言ができるようになると、より広範な人びとにさらに強く訴えることができる。リーダーの側近として得た力を、今や自分たちが目にし、おそらくは貢献さえしていた価値観の侵害の実態を暴くために使うことができる。これは幸福な展開とは言えない。つまりは、不正行為を変革しようとするそれまでの誠実な取り組みが失敗したことを意味するからだ。しかしその世間に向けての動きが、組織とその影響を受ける人びとに与える損害の大きさに見合うだけのものであれば、それはやはり共通目的とそれを支える社会の価値観に寄与しようとする勇気ある行為と言える。

自分を守る

本格的に内部告発の動きを始めると、リーダーを否定したり、リーダーに反対したりしたフォロワーが大きな犠牲を払うはめになることは珍しくない。リーダーがひどく情緒不安定で執念深い場合は、ただ行動や方針の見直しを勧めただけで報復されるかもしれない。

勇敢なフォロワーは、自らの「武器」、すなわち、情報、支持者、組織の規則、法的代理人を装備しておく必要があるだろう。そうすればリーダーにとって報復の代償はかなり高くつき、フォロワーに協力して状況を変えていったほうが得策だと思えるようになる。不正なリーダーにとって最高の防備となるのは闇と秘密であり、私たちの防備となるのは光と証拠書類である。

フォロワーが公の懲罰を受けないよう守られていれば、より強い立場に立てる。一定期間の在職が保証される公務員、終身在職権のある教師、労働組合によって報復的な降格から守られている労働者、満額の退職金を得られるだけの年月を勤めてきた職員、こうした人たちはすべて生活がある程度保障されているので、納得できないリーダーの方針や慣習に異議を申し立てやすい。私たちも同様の防護策を自ら用意しておくことが望ましい。詳細な証拠書類に加えて、不測の事態に備えて次のようなことを準備しよう。

■公にリーダーに反対する前に、有効な文書による推薦状を手に入れる。今後の求職または訴訟に利用するためだ。

■公表の準備が整ったら、こちらの話に興味を持ってくれそうなメディアとのつながりをつくっておく。

■リーダーのやり方に反対するのであれば、精神的、法的、経済的に支援してくれる団体と提携しておく。

■リーダーとの対立によって家族の身の安全が危ぶまれる場合は、彼らの面倒を見てもらうように友人や家族に手配する。

そうした準備を整えていても、公に告発することを決断すれば、生活は深刻な影響を受けることになる。自分が途方もないストレスを抱えていることに気づくだろう。このストレスで、自分の性格の一番好ましくない部分が顕著になるかもしれない。周囲の支えを最も必要とするときに、その手を払いのけてしまうことがあるかもしれない。

このことを心にとめて、支援体制を整えておくことが大切である。家族、友人、そして同僚を信頼し、本当のところを打ち明けておこう。彼らに、意思決定プロセスに加わる機会を与えておかなければならない。そうすれば、後のち、力になってほしいと頼んだときに、彼らは相談もなしに引きずり込まれたという思いをしなくてすむだろう。自らの最も深い目的意識と崇高な価値観をよりどころとすべきだ。そうすれば、どんな厳しい試練が待ち受けていようとも苦しいとは思わず、むしろ潔く立ち向かうことができる。

リーダーに反対すべきとき

リーダーを否定することと、リーダーに対して積極的に反対することには大きな違いがある。リーダーを否定する場合、リーダーの行動を世論という法廷で明らかにし、その対応は組織や社会の是正作用に委ねることになる。

しかし、積極的にリーダーに反対することを選んだ場合、勇敢なフォロワーは、リーダーの力を奪う方法を自ら講じようとする。不正な行動に社会の目が向けられていても、その是正作用が遅々として進まなかったり、無関心だったりすると、勇敢なフォロワーはそれを活性化させる責任を感じるだろう。容疑者に暴行を働く警部、正当な規約を破棄する政治家、有毒廃棄物の隠ぺいを命ずる企業幹部、地域の「民族浄化」を狙って放火する狂信者は、いずれも激しく反対されてしかるべきだ。

賄賂に反対するにはリスクが伴うことは言うまでもない。ありがちなのは、糾弾されたリーダーによる報復である。精神的なリスクもある。勇敢なフォロワーがこうしたリスクに負けないよう、私たちは以下のことを頭に入れておこう。

■フォロワーはリーダーに反対することにばかり執着し、彼を阻止することに全エネルギーを費やすかもしれない。
■執着するフォロワーは、それを追求するあまり、自ら基本的価値観をないがしろにしかねない。
■執着するフォロワーは、私生活のバランスを崩し、高い代償を払うことになる。
■リーダーに攻撃されると、フォロワーは二度苦しむ羽目になるだろう。一度目は自らが犠牲になって苦しみ、二度目はほかの人に害が及ぶのを阻止しなければという強迫観念によって苦しむ。
■執着は悪の力を奪うためには避けられないものかもしれない。しかし、フォロワーが執着によってではなく、決断によって目的を遂行すれば、大きな勝利となる。

■執着を防ぐには、悪を食い止めようとしてその源に向けているエネルギーと同じくらいたくさんのエネルギーを、自分たちが実現しようとする明るい理想に向けることだ。

悪に対して、精力的にバランスのとれた反対を示した例が、アメリカ南部の組織、クランウォッチである。クランウォッチは、自分たちがネオファシズム集団（ＫＫＫ、クー・クラックス・クラン）を暴くことに執着しすぎていることに気づいた。それを正し、自らの好戦的な訴訟プログラムを是正し、プラスの方向でバランスをとるために、学校で寛容さを教える計画を立てたのだ。

フォロワーによる反対表明が、バランスがとれ、活発で、手際がよく、時機を得たものであれば、不正を暴き、再発を防ぐための社会作用を起こすきっかけになる。そうなるとフォロワーは大きく成長し、反対勢力のリーダーとなる。

最も困難で危険な状況と言えるのは、権力の乱用が著しく、しかもそれを是正するはずの司法機構が乱用者自身によって歪められてしまっているときだ。そうなったら、反対派は圧倒的な世論の力を結集して、勇敢かつ柔軟に、暴力の行使に立ち向かわなければならない。電子メディアは、権力の乱用に世界中の関心を集めることができ、反対派にとっては有利に働くだろう。

反対勢力のリーダーとなった勇敢なフォロワーにとって最も重要な選択は、民主的なプロセスが破棄されている政治情勢のなかで、力に力で応じるかどうかである。力を行使すれば、暴力と苦しみが増大するおそれがある。非暴力の抵抗は、道義的に非難されようのない勇敢な対応である。しかし、ヒトラーの大虐殺を止めようと、彼が着席するはずのテーブルの下に爆弾入りのカバンを置いたフォロワーを、私たちはとがめることができるだろうか。とがめようとする人はほとんどいないだろう。誰もが失敗に終わったことを嘆くだけだ。

けれども、そのように判断がつきやすいケースは稀で、暴力に対抗して暴力を使うことは、恐ろしい危険をはらんでいる。ほとんどの場合、それは虐待を招き、結局はどちらにとっても喪失をもたらすだけである。

暴力的なリーダーがまだ脆弱なうちにフォロワーが道義的に反対すれば、絶望的な状況は免れ、暴力に暴力で抗するようなことにもならずにすむかもしれない。

悪徳

どんな行動も、同タイプの行動の強から弱の範囲のどこかに位置する。統計によれば、一つの組織内の行動の強度分布をグラフで表すと、常に、おなじみのベル曲線を描くそうだ。ほとんどの人は同じような強度を示し、ベルの中央部分におさまる。そこから強弱の両極に向かうにつれて、人数は減っていく。両極付近におさまるのはそれぞれ全体の二・五パーセントほどで、両極にまで到達する人はどちらも〇・二パーセントに満たない。

このように、ほとんどの人は「平均的に」良いか悪いかで、ひと握りの人がいずれかの方向に飛び出し、ごくわずかな人が聖人あるいは悪魔のようになる。そうした極端な振る舞いに遭遇することはめったにないので、実際に目の当たりにしてもそれほどまでとは思わないかもしれないが、善悪の範囲において、そのような甘い判断は非常に危険である。どれほど稀であっても、極端な悪というものは存在する。それをありのまま認識して対処しなければ、後のち、大変な苦しみが引き起こされる。

不正行為を働く人は、その被害を被る人のことを考えようとしない。すべての関心は、その行為によって自分が物質的または精神的に何を得るかにある。歴史上、悪の根源を明らかにしようとする試みは数多くなされてきたが、現代にいたっても古代の人にわかっていた以上のことはわかっていないし、その根絶に近づいているとも思えない。しかし、悪の兆候に気づき、その芽を摘みとることはできる。他者に与える害を顧みず、自己陶酔のままに行動することを許されたリーダーは、悪徳への坂を一気に転げ落ちていく。

不正行為を働くリーダーは、なんの咎めもなく思いどおりに振る舞えるだけの力を集めるまで、その本性を世間には隠していることが多い。したがって、悪と闘うのは、火と闘うようなものだ。早めに食い止めなければ、手がつけられなくなり、行く手にあるものすべてを呑み込んでしまう。悪を食い止めるいちばんの対策は、リーダーの近くにいて仮面に隠された正体を見ることのできるフォロワーが、勇気をふるうことである。つまり私たちは防火線となるのだ。

一方、悪を煽るフォロワーもいる。彼らはリーダーへの恐れから、あるいはそのねじれた考えにそそのかされ、苦しんでいる人びとへの共感を棄ててしまう。不正行為を犯すフォロワーは、必ずしも悪人ではない。強力な圧力ゆえにフォロワーがそうした行為に走ることはよくある。それとなく、あるいはあからさまに、従えば利益があり、従わなければひどい目にあうと脅されるのだ。彼らの同僚も同じ圧力を受けているので、不正行為が次第に普通に思えてくる。

さらには、リーダーによって価値観の論理がひっくり返されて、道義的な行為と見なされることさえある。これが、何百万という人びとがＫＫＫ団やナチス政権、そのほかの残忍な活動を支援するにいたった理由だ。言語道断な知能犯罪や役人の隠ぺい工作という、多くの人の共謀を必要とする犯罪もそのようにして起こる。私たちは、悪徳という危険な坂を下り始めないよう警戒しなければならない。

■最初に不正行為を強要されたときには不快感を覚えるだろう。それは内なる声が抗議しているのだ。

■この内なる声に耳を傾け、それが同僚やリーダーの声より正当なものだと認めなければならない。要求を包み隠した彼らの言葉にかまわず、強い勇気を持って、その場ですぐに一線を画すべきだ。

■この内なる声に耳を貸さなければ、実際に行為を行なおうとしたときにそれはふたたび話しかけてくるだろう。強い嫌悪に叫び声すらあげるかもしれない。

■これが、内なる声に耳を傾ける最後のチャンスだろう。すぐに聞き入れなければ、その声を抑えつけ、心を麻痺させて、自らの行ないに対して見て見ぬふりをしなければならなくなる。

■その時点で、私たちは悪人と同類になる。

誤った行動の多くは悪ではない。それらは価値観の衝突、優先順位の誤り、無知、もしくは無神経からなされる。誤った行動を軽率に悪と決めつけてはならない。それは、悪という概念をありきたりのものにしてしまうおそれがある。しかもその行為自体が独善的かつ利己的であり、悪徳を正当化することになりかねない。

だが、正真正銘の悪徳に直面したら、特に自分たちの組織や活動のなかでは、それを正当化してはならない。組織という偽りの安全圏に隠すべきでなく、同僚が黙っているからといって、自らの内なる声の抗議を押し殺してはならない。悪を見くびると、やがてそれに呑み込まれる。悪の前でそれが当たり前のようにして振る舞っていると、いずれ人生が覆されるだろう。

私たちは、最も明るいサーチライトを自ら見つけるかつくるかして、その行為を人間の基本的良識に照らし合わせなければならない。今も世界の不幸な地域では、こうした悪徳の犠牲となった人びとの亡骸が散乱している。

より「文明化した」社会では、扇動家、ペテン師、ごろつきどもが、もっと陰険な破壊的方法で何千という人の生活に損害を与えている。そうした悪党たちを制し、その行ないを改めさせることができないのであれば、残された道はその暴虐をあばき、彼らを孤立させることだ。

幸いなことに、そんな状況に陥ることはめったにないが、もしそうなったら、行動する勇気が持てることを祈ろう。

組織にとどまる決断

フォロワーは、道義的には組織を去るべきだとしても、とどまることを選ぶ場合もある。退く代償があまりに高すぎることもあるだろう。勇気は絶対的なものではない。自分が当事者でないかぎり、とどまることを選んだ人を批判すべきではない。

とどまる決断をした場合、組織の「穏健な」人がすべて辞めてしまったら、事態はますます極端で有害なものになるから残るのだ、と自らの決断を正当化するかもしれない。確かに、その理屈には一理ある。許しがたい価値観のもと不正な行為を続ける組織にとどまるのは勇気がいるだろう。その流儀や活動を嫌悪する人びとと関わり続けるのは、実に不愉快なことだ。しかし、自分が抜けることで、彼らがいっそう気ままに権力を乱用するおそれがあるのなら、道義的に考えてとどまる決断をすることもある。

とどまるという選択をしたら、いくつか覚悟すべきことがある。

■不正に対して行なってきた暗黙の支持、あるいは実際に行なってきた支持について、道義的責任と法的責任を負わなければならない。

■法的に、あるいは道義的に裁かれる段階になって、「選択肢がなかった」と責任を逃れることはできない。

■不正とその犠牲者への影響を減らすために、機会あるごとに新たな行動をとらなければならない。
■変革のときがおとずれ、自分の立場で変化をもたらすことができるようになったら、組織を変えるために大胆な行動に出なければならない。

今のリーダーに不満を覚えながらも、たいていはとどまる人が多い。彼らは、さまざまな理由で、今のリーダーはそれほど長く続かないと推測する。後任はもっと自分たちの考えなり流儀にかなうだろうし、状況はおのずと是正されるだろうと願っている。それまでのあいだ、共通目的を推し進めるために自分のできることをするまでだ。

極端な状況では、この「最後まで待つ」という戦略は失敗に終わるかもしれない。抑制力としてとどまる決断をすることは、去る決断をするのと同じくらい多くの危険をはらんでいる。それは、敵地にスパイとして潜り込むに等しい。そうした環境にとどまることを選んだフォロワーは、心の平和は得られないだろうし、さらに悪い結果になるかもしれない。

道義的決断はすべてそうであるが、道義的に容認できない行為に直面しながらとどまる決心をするには、他人の行動だけでなく、自分の動機と行動に対しても正直でなければならない。どんな場合であっても、リスクを承知したうえで道義的行動をとる勇気は、人間として意義深い成長の証である。行動の結果がどうであれ、誠実さを損なわずに事に当たることができれば、すでにその時点で道義的な行動は成功している。

第7章 ◉ フォロワーに耳を傾ける

世間は勇敢なフォロワーの存在を知らない

勇敢なフォロワーが、リーダーの行動や選択や方針が危険な方向へ進もうとするのをうまく阻止できたとしても、その過程や結果が外部の目に触れることはほとんどない。メディアは基本的に、起きたかもしれない大惨事や、それを未然に防いだ行動といったたぐいは報じないものだ。

同様に、組織やそのトップが自滅した場合も、外から見えるのはリーダーシップがいかにまずかったかということだけである。残念ながら、勇敢なフォロワーがどれほど努力しても、うまくいかないことはある。そして往々にして、勇敢なフォロワーが悲惨な事態を避けようとしてとった行動に光が当たることはない。

しかし二一世紀の幕開けにおいて、この「勇敢なフォロワーは世間に知られない」という一般原則に反して、アメリカのいくつかの機関で最悪の事態を阻止しようと動いたフォロワーの行動を、世界の人びとが知ることになった。時がたてば、世間はこうした特殊な事例や人物を忘れるだろうが、人の上に立つリーダーたちは、戒めとして心に刻んでおくべきだろう。

まず民間企業では、アメリカ最大手のエネルギー商社エンロンの一人の中間管理職がＣＥＯに対して、自社の会計処理にひどいごまかしがあると警告していたことがニュースで伝えられた。この女性管理職は、みずからの危険を承知のうえで、不正行為に警鐘を鳴らしたのだった。

CEOは彼女が用意した詳細な記録に目を通し、直接会って話を聞くことさえした。しかし、彼はその報告を深刻に受け止めることをせず、法律事務所に調査を一任した。しかも「詳細な分析」を命じたわけでも、社外の会計士に監査させたわけでもなかったので、結局、調査はかたちだけのものになってしまった。

この「元CEO」とエンロンの一件は、今も尾を引いている。同社の投資家は実質的にすべてを失い、何千人という従業員は退職基金のほとんどを失った。その元CEOをはじめとする元重役陣と、社外の監査役や弁護士らは、幾度となくアメリカ議会の審問を受け、訴訟の嵐にさらされている。あのときにCEOが勇敢なフォロワーに耳を傾け、その懸念を真剣に受け止めてさえいたら！ もしそうしていれば、社内モラルが低下していたとはいえ、どうにかうまく舵とりをして軟着陸させ、墜落炎上という結末は免れたはずだ。

もう一つは政府の話だが、新世紀に入り、忌まわしい九・一一のテロが起きて以来、アメリカをはじめ各国の政府は国策の優先順位を変え始めた。事件後、数カ月間に寄せられた情報によると、事前にテロの兆候に気づいた警官や取り締まり機関の職員から、本部になんども警告があがっていたそうだ。後知恵による行動ではあるが、彼らの何名かはキャリアを危険にさらすのを覚悟で、諜報活動の失敗の一因となった組織の欠陥が、数カ月たっても十分に改善されていないことを議会にアピールした。

さらに、これらの事件とほぼ同じころ、聖職者の小児性愛のスキャンダルが全米カトリック教会を震撼させたが、カトリック信者と一般の人びとは、実は以前からその問題を指摘し、改善を訴える声が教会上層部に届いていたことを知らされた。信者や司祭、教会専属ジャーナリストらが何十年も前から事の重大さを伝えようと試みてきたのだが、教会上層部は、そのような勇気ある誠実な働きかけに対して勇気を持って応えようとせず、それどころか常にもみ消しを図り、虐待者が幼子を歯牙にかけるのを放置して、告訴の声がさらに上に届かないよう妨害していたのだった。

多くの子どもが傷ついたのはもちろんだが、教会指導者らは辞職を強く迫られ、さらに本書を執筆している現時点で、カトリック教会に対して多額の賠償金を請求する訴訟がいくつも起こっている。下から上がってきた真摯な懸念をないがしろにしたことで、教会がどれほどのダメージを受けたかは、これから明らかになっていくだろう。

これらの事件や自分自身の経験から、どれほどの勇気や手腕を持って訴えても、上層部やリーダーが真剣に応えるとは限らないことがよくわかる。だからといって、結果を引き出すことをあきらめていいわけではない。大切なのは、下から重要な問題が提起されたときに、リーダーが負う責任についてきちんと把握しておくことだ。これはリーダーシップをとる立場にある人にとって、特に言えることだ。

この章では、意図的であってもなくても、リーダーたちが勇敢なフォロワーの育成を怠り、あるいは無視している現状を検討し、それを改善するため何ができるかを検討するつもりである。この問題を組織のリーダーと、その活動の責任を共有する委員会や監視団体の両方の視点から見ていこう。

組織のリーダーであれば、成功を願うのは当然だが、ときとして成功とはかけはなれた方向へ進んでいたり、進むスピードをまちがえていたりすることがある。これまで多くのリーダーがその可能性を無視し、忠実な協力者が旗をふって危険を知らせたにもかかわらず、その面前で壁に激突し、運命をともにするすべての人の夢を打ちくだいてきた。リーダーというものは、いつ、どのように耳を傾けるかを学ばなければならない。そうしないのは、ダッシュボードの計器に覆いをかけて、ピットクルーをくびにし、自暴自棄になってコースをつっぱしるようなものだ。いずれガス欠になるか、厳しい現実につきあたるかもしれない。

勇敢なフォロワーの必要性

ほとんどすべてのリーダーは、自分はすべての人に扉を開けていると言い、自分のまわりに「イエス・マン」はいらないと言う。しかし、その言葉の意味を十分にわかって言っている人、あるいは本気で言っている人はほとんどいない。

リーダーは、勇敢なフォロワーの行動を真摯に評価しているかどうかを自らに問う必要がある。下からの意見が朗報であったり、賛意であったりすることはめったにない。腹立たしい意見もあるだろうし、自分がやろうとすることに真っ向から反対する意見もあるだろう。そんなとき、リーダーに求められるのは、不快に思う気持ちを抑え、あえて微妙な問題に触れてきたフォロワーの言葉が、自分と組織全体の目的にどんな恩恵をもたらすかを広い視野で捉えることだ。

前の章で、リーダーにとても協力的で、その「実行者」となって行動するフォロワーと、同じく協力的であっても、リーダーの方針や行動に進んで異を唱えるフォロワーの違いを考察し、後者を「パートナー」と名づけた。つまり勇敢なフォロワーはパートナーなのだ。リーダーは、すくなくとも数人のパートナーを持つべきだが、彼らが理想とするのは「実行者」となる人のようだ。「実行者」たちはリーダーの思いどおりに動き、その時間を質問や討論で奪ったりしないからだ。

確かにリーダーにとって時間はとても貴重なので、側近は、自分のせいでリーダーにむだな時間をとらせたり、疲れさせたりしないよう気をつけなければならない。企業の重役や政府の高級官僚といった高位のリーダーは、時間配分を調整するために秘書を持っており、また持つ必要がある。それは妥当なことだ。

けれども、リーダーが時間に追われ、予定をこなすことにばかり気をとられていると、直属のフォロワーであっても、そして重要な提案のためであっても、リーダーの時間をとるのがはばかられるようになる。こうしたリーダーは、表向きは扉を開いていても、入ってきた人の言葉に耳を傾ける余裕はなく、進言者の今後も意見を言おうという気持ちまでそいでしまう。

その結果、自分と異なる意見をほとんど耳にしなくなり、異論がないのは周囲がみな自分の意見に同意し、自分の経営方針を支持しているからだと考える。実際そうなのかもしれないが、そうした状況では、リーダーの危機認識にはおのずと盲点が生じ、危機に際しての決断の影響についても認識は甘くなるだろう。

直属のフォロワーはリーダーと接する機会が多く、いくらか異議を唱える自由もあるが、下位のスタッフはリーダーに直接意見しにくいため、リーダーのほうからその意見を汲み入れるようにする必要がある。規律を重視するリーダーは一種の経営方針として現場をまわって実情を把握しようとするが、そうしたからといって微妙な問題が聞こえてくるとは限らない。それを聞くには、扉を開いておく必要がある。しかし扉の開放をめぐる力学は、一般に思われているより複雑だ。

従業員が、二、三階級上の重役に面談を求めることは、託された問題を報告する場合を除けばほとんどない。命令系統のすぐ上の段階を飛び越えて、微妙な問題をもっと上のレベルにあげると、彼らの賞罰に直接的な力を持つリーダーとの関係がぎくしゃくするおそれがあるからだ。高位のリーダーは、そのような障壁をものともせず、命令系統の二、三階級下から上がってきた声を軽んじてはいけない。自分の時間管理をまかせているフォロワーには、面談がどんな性質のものであるのかを尋ねる権限は与えてもよいが、自分に報告せずにその申し出を却下することを許してはならない。

大きな組織のリーダーは、往々にして組織について自分たちが知らないことには思いがいたらないものだ。また、彼らはお定まりの情報ルートを持っているが、そこを通ってくるあいだに情報は選別され、いくつかは「消去」される。組織の若手が勇気をふるって文化的な障害を乗り越え、あえて何ランクかとばして進言したいというのであれば、価値ある情報を持ってくる可能性が高い。個人的な問題について面談を求められた場合は別で、それについては本章の後半で扱うが、それを除いてほとんどの場合、一般の社員と会うのは望ましいことだ。

とはいえ、面談中やその後でリーダーがどんな行動をとるかによって、その社員や他の社員がこの先もあえて微妙な情報を持ってくるかどうかが決まる。リーダーがその情報をどのように受け取るか。きちんと耳を傾けるか、あるいは話をさえぎって社員を怖がらせるか。問題に対して何か意義深い行動に出るか。そのツケが、あとで社員本人にまわってこないように気を配るか。今後その問題にいかに貢献していけるかについて、さらに社員に問うことができるか。組織に影響を及ぼす可能性のある別の問題についても、その社員に意見を求めるか。

リーダーに接触するという経験が、その社員にとって心地よいものであったか辛いものであったか、役に立ったか立たなかったかは、いずれにしてもほかの社員に伝わり、組織風土に深く染み込んでいくだろう。

■リーダーは、扉は開いていると言うだけで、それが機能していると勘違いしてはならない。社員が企業やリーダー自身の行動や方針について言いにくい問題を持ってきて、初めて機能していると言えるのだ。

スタッフからその扉を利用したいという要請がほとんどないのであれば、たいていさまざまな要因から扉の利用が抑制されている。扉から入って直訴するより、それらの要因を重視したほうがスタッフにとって利益が多いせいだ。勇敢なフォロワーの育成が大事だと思うならば、それらの要因がいったい何であるかを検討すべきだ。それにはどうすればいいのだろう。

■予定表に誰もが出入りできる面会時間を常に確保し宣伝する。あまり活用されなければ、その原因を調査する。

■個々のスタッフに、自分が扉の活用を思いとどまらせるようなことをしているかどうかを尋ね、そうだとしたら、どうすればいいかを尋ねる。

■自分に代わって、上級スタッフにそれを尋ねてもらう。彼らなら、あなたの耳に届かない回答が得られるかもしれない。

■依頼を受けた上級スタッフが調査の結果を報告したら、感謝し、自己弁護しない。

■指摘されたその欠点が、今のこの面談でも感じられたかどうかを尋ね、自分の理解の度合いを確認する。

■そうした態度を示していたとすれば、どこがそのようにとられるのかを理解する。声の調子なのか、しぐさなのか、言いまわしなのか、などなど。

たとえば、リーダーのなかには、得々として、自分は冗漫さが嫌いだと明言する人がいる。それは彼らの出世をかなえた特性の一つかもしれないが、弁明や長広舌をさえぎるせっかちな性質ゆえに、重大な情報が伝わってこないということもあるだろう。従業員が恐る恐る説明しているときに要点をせかしたりしないよう心がければ、高位の幹部には得がたい伝達ルートが開かれる。

扉を開くことの効果は、リーダーの話を聞く能力に左右されるのだ。この領域が弱いと評価された場合は、まずは人の話を聞く能力を磨くべきだ。

ナンバー2が送るメッセージ

あなたはトップだからといって、一人で組織の空気を決めているわけではない。すぐ下にいるナンバー2の人のほうがはるかに多く運営上の関わりをスタッフと持ち、企業風土に対してリーダーと同等か、それ以上の影響を及ぼしているかもしれない。そのため彼らは知ってか知らずか、スタッフが重要な情報をトップに送りづらくなるような雰囲気をつくっている可能性がある。それはいろいろなかたちで作用するだろう。

■ナンバー2はトップを支え、その時間管理を手伝おうとして、過保護になるかもしれない。

■あなたは、それとなく彼らに「怖い警察」役をさせ、不満が自分の耳に届かないようにしているかもしれない。

■彼らは、誰かがあなたに伝えようとしている情報が、自分や仲間にとって脅威となることを知っているかもしれない。

■彼らがあまりにも近くで仕えているため、あなたは義理を感じ、彼らの態度に関する不満を聞き入れようとしないかもしれない。
■彼らが職務をこなすにふさわしい特質は、情報の仲介者となるにはふさわしくないかもしれない。
■トップとして、あなたは自分で定めた企業風土やモラルに責任があるだけでなく、自分を取り巻く人たちによってつくられた風土にも責任がある。

この風土には注意が必要である。重要な情報の流れが阻まれる経緯や理由が何であれ、それはあなたの意思決定に悪影響を及ぼしかねないからだ。自分の行動を振り返って、重要な問題を伝えづらくさせている要素をすべて改善してもなお、自分と異なる意見や面倒な意見がほとんど聞こえてこないのであれば、さらに詳しく調べる必要がある。権力を握っている自分の側近メンバーから、ほかのスタッフはどんなメッセージを受けているだろうか。

それを知るには、次の手順で取りかかるとよい。

■非公式に、もしくは内々に調査して、自分の直属のフォロワーのなかに、扉の利用を思いとどまらせるものがいるかどうかを尋ねる。
■下位のスタッフが扉を利用しにくい状況にあるとわかったら、この件に関するあなたの価値観と期待を直属のフォロワーにはっきりと告げる。
■その際、あまり批判めいた言い方をしてはならない。若手のスタッフに迷惑をかけるかもしれないからだ。その後、情報をもたらしたスタッフに対する報復的な行動が見られるようなら、はっきりした懲戒処分をとって組織全体に明確なメッセージを送る。

■情報伝達に関して自分の態度に矛盾が感じられるかどうかについて、上級スタッフに尋ねる。矛盾があるようなら、自分の考えととるべき行動をはっきりさせる。

チームは、あなたに評価されると思う方法で行動しようとするだろう。彼らの態度に目を配り、それをあなたが伝えている価値観を映し出す鏡として生かすことだ。

支援を受け入れる

リーダーは、一般にきわめて労働意欲が高い。週に六〇から七〇時間、またはそれ以上の労働をものともしないことが多い。特に、組織が立ち上がったばかりや、危機的状況にある場合、顧客構成が複雑だったり、顧客の要求が厳しかったり、重大な社会的使命を持っている場合、あるいは国内外に支店が多く、長距離の移動が必要とされる場合はそうである。どうしても必要な用件に加えて、なかには意思決定や情報伝達の細かな部分や下位のスタッフに任せたほうがよさそうな問題にまで関わって、さらに自分を追い込んでいるリーダーもいる。

原因はどうあれ、リーダーが長時間働きすぎるときに、損失が生じないということはまずありえない。早晩つけがまわってくる。それはさまざまなかたちで現れるだろう。組織にとって、そのようなリーダーは障害となる。意思決定の質が劣るかもしれないし、あるいは不機嫌になって不当に無愛想な態度をとり、スタッフの士気を損ねるかもしれない。ときには損失が私生活に及ぶこともある。もっとも、それは彼らが離婚に陥るか、疲れ果てて病気になって、初めてそう悟るのかもしれないが。

リーダーの直属のフォロワーは、その兆候にいち早く気づくことができる。そして多くの場合、リーダーの重圧を少しでも取り除こうとする。しかしリーダーは、そうした申し出を常に受け入れるとは限らない。企業風土は、弱みを見せるリーダーではなく、強靭なリーダーを賞賛しがちだからだ。その結果、リーダーが倒れる寸前まで働いて、ようやく助けを求めたり、受け入れたりすることがある。

リーダーの重圧をいくらか取り除いて支援に努めるか、あるいは、自分の過密なスケジュールや不機嫌な態度が組織に及ぼす影響を十分に自覚していないリーダーに異議を申し立てるか、どちらがいいかわからない場合もある。

ときには、リーダーが職務のある分野が得意だったり好きだったりして、過剰にのめり込んでいることがある。また、自分の基準を満たす仕事はできないだろうと、ほかの人を信頼しないこともある。彼らは、自分の役割は組織の仕事に責任を持つことだと考えているが、それは誤解で、リーダーにとってもっと重要な役割は、組織の仕事の責任を負わせられるきわめて有能なチームをつくることだ。リーダーが、自分がなぜそんなに忙しくしているかわからないこともある。また、ただ無秩序に仕事に追われている場合もある。

リーダーは、その重責を取り除いたり職務の遂行を手助けしたりしようとするスタッフの申し出には、十分注意しなければいけない。そうした申し出を安易に退けるのではなく、なぜ彼らがそのような申し出をするのか、その理由を考えてみるべきだ。リーダーがスタッフと自分自身に問うべき質問には、次のようなものがあげられる。

■私が、特にこの活動にのめり込みすぎているように見えるのだろうか？　そうだとしたら、どのようにのめり込んでいるのか？

■そのことがスタッフや作業の進行に、どのような影響を及ぼしているか？

■私のほかに、誰かこの役割を果たせないだろうか？　また私の基準を満たすために、彼らには何が必要だろうか？

■私は組織のほかのニーズに対して、十分に目を向けていないのではないか？　そうだとしたら、それらは何か？

■私の受けている重圧をどれほどさらけ出しているか？　また、私にはほかに変えるべきところはあるか？

リーダーはスタッフの気遣いを生かして、自分の仕事のバランスをとり、自分のエネルギーをより効率的に分散することができる。さらにそれは、自分たちがリーダーに影響を及ぼせることをスタッフに教える絶好の機会となる。こうした経験は、勇敢なフォロワーシップを支え、育成する風土を育てるうえで役に立つ。

建設的な異議を正当に評価する

リーダーを支える新たな方法を見出すフォロワーを評価するのはむずかしくないが、リーダーである自分のやり方に異議を唱えるスタッフを評価するには想像力を広げることが必要となる。

ちょっと想像してみよう。リーダーであるあなたは、あなたのビジョン、真摯さ、コミュニケーション能力と組織化する能力、戦略的思考と戦術的思考、そしてスタッフに全力を傾けて組織の使命に取り組んでもらう能力を高く評価する人たちに囲まれている。これは、なかなかいい気分だ。

さらに想像してみよう。彼らはあなたを敬服するあまり、聞かされて嫌なことは何も伝えなくなるとしたら。そうなると、次にあげるようなことが起きる。

■あなたが最重要顧客や出資者宛てに書いた手紙が、相手の名前の綴りをまちがえたまま発送されそうになる。

■接待している外国の要人の重要な文化規範を、あなたがそうと知らずに犯してしまう。

■あなたが会社の財務報告書をまさに承認しようとしているときに、その報告書にあなたを法的な問題に巻き込みかねない重大な欠陥があることに周囲の人が気づく。

こうした例はいずれもばかげていて、まわりの人があまりに無責任なように思える。もちろん、こんなまちがいは正してほしい。あなたは完全無欠なふりはしていないし、スタッフがまちがいを未然に防いでくれることを期待しているのだ。

ところが、次のような例はどうだろう。あなたが組織または部局の長だとして、スタッフに思っていることを伝えてほしいと本当に願っていると言えるだろうか。

■会議において、あなたの態度がとても強硬で、論理的に訴えて威圧するため、誰も疑問を提示したり、代案を提起したりして、あえて気まずい思いをしたくない。

■あなたが組織の繁栄よりも自分の報酬に関心がありそうに見えるので、主要なスタッフや役員の信頼を失いつつある。

■あなたが組織の能力を超える合併や買収を推し進め、それが企業生命を脅かしている。

最初にあげた三つの例では、フォロワーの助言があれば、あなたが恥ずかしい思いや厄介な状況を免れることができるのは明らかである。しかし、あとの例では、もっと痛いところを突いている。彼らが異議を申し立てているのは、あなたの価値観、仕事のやり方、もしくはビジヨンの何かしらである。そのような指摘をされたときに、それを正当に評価するのは、あなたにとってより大変なことだろう。言うまでもないが、そのように勇気をふるって異議を唱えるのは、スタッフにとってより大変なはずである。

それでも組織的な観点からすれば、あなたがあとのほうの意見を聞き入れることは、最初の例と少なくとも同等に重要である。彼らの指摘は、あなたのキャリアや組織の成功に対して、より長期的な影響を及ぼすだろう。どちらかと言えば、あまり聞きたくないこの手の意見に耳を傾け、目を向ける環境を確実につくり出すにはどうすればいいのだろうか。

まずすべきことは、自分が権威についてどう考えているか、そして、権力者に対して何を言うべきであり、何を言うべきでないと考えているかを見直してみることだ。あなたが大人になるとき、あるいは仕事を始めたころに手本としていた人は、下からの質問や自分と異なる意見を受け入れようとせず、それを不服従と見なしていたかもしれない。そうであれば、そうしたモデルを探し出し、吟味し、現代のリーダーシップの悪い手本として分類し直したほうがいい。

次に、批判を享受することについてじっくり考えてみよう。批判に対して身構えるのは、ごく自然なことである。おそらく、あなたはこれまでに同僚やフォロワーに問題なり状況なりを気づかせようとしたときに、相手がそうした態度に出るのをいく度となく目にしてきたはずだ。あなたは彼らを責めたり、攻撃したりするつもりはなく、ただ改善が必要な事柄に気づかせようとしただけなのに、彼らは守りの姿勢になった。

では次に、フォロワーが勇気をふるって微妙な問題に触れてきたときに、あなたが人間としてきわめて自然な守りの姿勢で応じた場合を想像してみよう。自らの地位と権力ゆえに守りの姿勢で応じたとすれば、その件についてそれ以上聞いたり、そのフォロワーから何か別の意見を示されたりすることはなくなるだろう。つまり結論はこういうことだ。

■よいリーダーシップに求められるのは、おのずと防御的になりがちな感情や発言、態度を抑え、批判的な意見の原因となっているものに心からの関心を示すことだ。

この能力を高める必要性は、認識されていないか、あまり重視されていないことが多い。実際にそのような態度をとるのはむずかしく、まず、かなりの自制心が求められるだろう。しかし努力していけば、初めは不快に思っていた人も、意見のやりとりを正当に評価できるようになる。

最後に、相手の意見に対する態度をはっきりと示さなければならない。微妙な問題について批判的な意見をしたスタッフにすれば、なんらかの反応が得られなければ、あえて危険を冒した意味はない。相手の意見を受け入れるか受け入れないか、それにもとづいて行動するかしないかは別として、きちんと応じる姿勢は示す必要がある。例として、いくつかレベルの異なる対応をあげる。

■先日のきみの意見について考えてみたが、次のような理由でこちらとしては受け入れられない……。けれど、この問題に気づかせてくれたことは感謝している。それでもなお問題のようであれば、もう一度指摘してほしい。

■先日きみの意見を聞いたときにはかなり懐疑的だったが、よく考えてみるときみが正しいかもしれないと気づいたので、さらに検討するつもりだ。

■きみの意見を考慮して、次のような対処をした……。それはきみの求めるすべてではないと承知している。けれども、きみの意見を深刻に受け止めたことはわかってほしい。

■先日のきみの意見を聞き、提案されたように変更してみようと思う。完璧にはいかないかもしれないが、それに取り組んでいることはわかってほしい。

■先日のきみとの話し合いが重要であることを実感し、その問題に取り組むために五つの対策をとった。効果が出るまで二、三週間様子を見て、その後、変化が見てとれるようになったかどうかを、ぜひ知らせてほしい。

スタッフが批判的な意見を言える、おおらかな雰囲気を最初からつくり出せるリーダーは少ない。たいていは、そうした環境をつくろうと意識的に努力しなければならない。リーダーや組織の長期的な成功を願うならば、まずそこから始めなければならない。

建設的な意見を募る

フォロワーからの意見は、リーダーとフォロワーの関係にとって必要不可欠な要素であるが、そこからさまざまな反応が引き起こされる。意見をきっかけとして、前向きな取り組みが生まれる。アイデアが次々に求められ、推奨され、進展され、吟味され、批判され、修正され、それから採用もしくは放棄されるのだ。

幅広い試みを行ない、さまざまな可能性を探り、現状と安易な解決策に挑戦しようという意欲のあるところには、建設的な気風が生まれる。グループがこの建設的な挑戦を楽しめるようになれば、制約は少なくなり、目的追求の新たな方法が見出される。

重要なのは、リーダーが、自分たちの権威への挑戦とアイデアへの挑戦をはっきり区別することである。この二つを明確に区別すると、開かれた対話と創造性にあふれた環境が生まれるが、混同すると息苦しい環境になる。

建設的な挑戦を冷静に受け入れられるリーダーも、それをうっかり阻むおそれがあることを自覚しておかなければならない。理由を以下にあげる。

■リーダーは本来、仕事ぶりが迅速で、状況や機会を把握するのが速く、そこから編み出したアイデアの実践も急ぎがちである。

■リーダーは自分のアイデアを旺盛な意欲と信念を持って伝える傾向がある。それはリーダーとしての素質の一部なのだが。
■チームがいくつかの選択肢を考え出す前に、リーダーが自分のシナリオを提示し、さらなる対話を妨げてしまう。
■リーダーが早まってあるアイデアに固執すると、建設的な意見が出にくくなる。リーダーと違う意見を述べることで、批判的あるいは不誠実に見られたくないからだ。

往々にしてCEOは、会議のすべてを費やして「すばらしい新案」をほぼ既成事実として提起し、それについて何か問題があるかどうかを問う。テーブルを囲む人たちは、CEOの心はすでに決まっていて、本心では問題点や懸念を聞きたくないことを知っている。だから、口をつぐんでしまう。そこに建設的な意見を交わす余地はない。

チームの知的資源を十分活用するために、リーダーは建設的な挑戦を奨励する行動規範を、公式に、あるいは非公式に定めなければならない。それには次のような事柄が含まれるだろう。
■組織にとってきわめて重要な状況に関する情報は、広く共有される。そうすれば、チーム全員がそれを考慮に入れることができる。
■組織に影響を及ぼす重要な決定について、対話を求める。
■自由なアイデアを奨励するために、建設的なアプローチをもたらすプロセスを確立する。これは、そうしたアプローチを評価するプロセスとは異なる。

■アイデアとその発案者は区別して扱い、発案者の地位によってアイデアの価値が曇らないようにする。必要に応じて、匿名でアイデアを提起する方法を用いる。

■リーダーをはじめとする組織のメンバーは、コミュニケーション能力とミーティング能力を高め、言葉や口調、もしくは態度で提案者のやる気をそがないようにする。

■聖牛は穏やかに牧草地に導く（神聖にして侵してはならないものは慎重に扱う）。関連のある選択肢は、すべて協議にかける。

■「突飛な」アイデアであっても無視したりせず、それによってどのような新しい考え方が展開されるかを検討する。

■「良識ある」アイデアだと思えても、別のシナリオに則して検証し、吟味に耐えるかどうか調べる。

ひとたびリーダーが参加型プロセスへの意欲を示すと、組織の一人ひとりの態度が、目に見えて相互作用を高める方向へと変わることはよくある。リーダーがもとの参加しにくい状態に退行したときには、フォロワーはすでに確立された建設的な対話の規範を守るよう、リーダーを促すことができる。本物のパートナーシップはこうした環境で築かれ、そこから並外れたチームワークが生まれることもある。

苦情ではなくコミュニケーションの文化を築く

建設的な異議申し立てを募るには、ハイレベルで革新的なチームワークが求められる。しかし、グループ内の人間関係を律するさらに基本的な規範がないと、うまくいかないことがある。

上層部のグループでは頻繁に、いさかいが起きる。メンバーのあいだには、上位のものに対するいくらかの反感や、仲間への不信もしくは誤解がある。亀裂はさまざまな要因によってもたらされる。性差、人種の違い、職務の違い、合併によってともに働くことになったスタッフの背景にある組織風土の違い、古参と新参、あるいは性格または基本方針の違いなど。

原因が何であれ、彼らは仲間について、ほかの仲間や上級のリーダーに苦情を言うようになり、組織はうまく機能しなくなる。問題を解決したければ、苦情の対象である人や組織に直接不満を言えばいいのだが、彼らにはそれができない。

リーダーがこうした言動に気づいたら、そこにはリーダーがろくに話を聞いてくれないという不満もくすぶっていると見てまちがいない。苦情が組織風土のなかで容認されるようになり、勇気ある対話、正直で実り多い対話は影をひそめてしまったのだ。実は、リーダー自身もこのような言動をとっている可能性があり、仲間に対する苦情を上級スタッフに漏らしながら、そうした土壌を築いてしまっているのかもしれない。

チームメンバーが仲間の苦情をリーダーに持ち込んだとき、リーダーの犯す過ちは、苦情に耳を貸すことによって機能を阻害する風土と結託してしまうことだ。ほとんどのケースにおいて、むしろリーダーは次のように言うことが望ましい。

■「重要なことのようだ。……（苦情の対象）を呼んで解決しよう」

相手方をすぐその場に呼んで話し合うことが望ましいが、その際には、問題を事実としてではなく、人による捉え方の違いとして提起する。その話し合いは過失を探すためのものではない。苦情（相手方の意図や行動に対する解釈や、その能力の評価）を分解し、実際に何が起こって、なぜそのような行動がとられたのかについて情報交換していくのである。たいていの場合、双方がすべての情報を知った時点で、苦情の根拠となったものは消えている。そうでないとしても、十分な情報が得られると、どちらか一方または両者にとってよい勉強になり、問題解決に必要な次のステップもわかってくる。リーダーは、両者に次のように問いかけるとよい。

■「……（苦情を申し立てている者）は、きみが・……したようだと懸念している。その状況ときみの行動について、私たちにもっとよくわかるように詳しく聞かせてくれないだろうか？」

個々の状況を明らかにする以上に重要なのは、問題を直接相手にぶつけることの大切さと、そうすればチームの絆を強くすることができることをあなたが身をもって示すことだ。直接対話を当たり前にすることによって、勇気ある人間関係という風土を育てられる。それは必然的に、あなたとチームメンバーとの関係にも及ぶだろう。

リーダーシップの仕事は、対立が健全で創造的な対話によってなされる風土を築くところにある。この点において、リーダーは計り知れない影響力を持っている。対立を自分たちでうまく処理できなかったり、あるいは内々でくすぶらせておいたりすると、首脳部は深刻なダメージを受け、機能をうまく果たせなくなることもある。対立をうまく処理すれば、リーダーたちのほうも聞くべき情報を得ているという自信が得られ、まわりは全員知っていて、自分だけが知らないという状況は避けられる。

保護された伝達ルートをつくる

組織のメンバー全員が勇敢なフォロワーとしてふるまうのが理想だろうが、現実にはフォロワーに完璧を期待することはできない。それは、フォロワーがリーダーに完璧を期待できないのと同じだ。フォロワーが微妙な情報、つまりリーダーの意に反する情報を持ってこない理由は多々ある。

■進言した人がリーダーに報復された例がある。

■同じく、リーダーが相談した相手から報復された例がある。
■情報が確実でなかったり不完全だったりする。
■せっかく進言しても、改善策がとられないのではないかという不信がある。
■進言して、もし解雇されたら犠牲が大きすぎる（たとえば家族が健康保険を失ってしまう）という不安がある。

組織のスタッフが気がかりな問題を低リスクで提起できるよう、なんらかの方法をあらかじめ用意しておくことは有益である。典型的なものとしては、オンブズマンの任命があげられる。オンブズマンに正当な力と方針を持たせれば、あなたや組織は果てしないトラブルに悩まされずにすむ。

オンブズマンを置くということは、スタッフが問題の原因となっている人とともにその問題の解決に取り組むという、勇気ある人間関係を築く精神に反すると思われるかもしれない。けれどもオンブズマンの働きによって、そのような風土が後押しされることもある。オンブズマンと心おきなく話して、思いをぶちまけたり、共鳴を得たり、助言を求めたりすることは、状況を改善する力のない人を相手にいたずらに不平をこぼすのとはまるで違う。そして、相談内容が秘密にされると約束されていても、一部の人にとっては、オンブズマンに率直に打ちあけることも勇気のいる行動なのだ。

オンブズマンを任命すれば、リーダーの重圧も軽減できる。そうした重圧は、組織に害を及

のスタッフがオンブズマンに持ち込む不平は、報酬や手当に関する個人的なものであることが多い。オンブズマンがいない場合、そうした不満を抱えたスタッフは、結局はCEOあるいは副社長のレベルに持っていくだろう。そうなると、上級管理者は個々のスタッフの問題を自ら改善せざるを得なくなる。

一度そういうことがあると噂が広まり、個人的な問題を上級管理者に持ち込むというルートがうかつにもできてしまう。そうなると、いくつもの理由からリーダーはエネルギーの無駄遣いを強いられる。また、その処置がえこひいきととられたり、苦情を持ち込んだスタッフが思うような結果を得られなくて恨みを抱いたりといった問題も発生する。

オンブズマンの立場をうまく機能させるには、一定の条件が満たされなければならない。機能しないオンブズマンを抱えるのは、安全弁が機能しないのに等しく危険なことだ。成功させるには、以下にあげる要因に気を配らなければならない。

■次のような人物を選ぶ――

スタッフのあいだに幅広い信頼がある人、またはそれを生み出せる人。

深い組織知識を持ち、問題をきちんと整理できる人。

スタッフが自分たちで問題を解決すべきときに、それをうまく導き、勇敢な人間関係の文化を支援できる人。

■以下のことを確実にする――

オンブズマンは、問題解決に必要な上層部とのアクセスを約束される。

オンブズマンは個々の問題が解決するまで、上層部にアクセスし続ける責任と特権がある。

オンブズマンに持ち込まれた問題を追跡し、すみやかに解決する方法を整える。

■以下のルールを決める――
オンブズマンから聞いた微妙な個人的問題を、まちがっても軽々しく他者にもらさない。ほかの幹部にもそうさせない。そうした会話の一つひとつを大切な預かりものとして扱う。

オンブズマンと定期的なミーティングを持ち、倫理上、法律上、経営上、もしくは広報の面で重大な問題にまで発展しかねない問題の傾向について検討する。

あらゆるコミュニケーション手段を活用して、勇気ある人間関係の価値を強調するとともに、問題解決を支援するオンブズマンの力を高める。


組織とその経営者の行動や運営に関わる問題を円滑に解決するには、関連する重要な情報が組織のどのレベルにも届くようにする必要がある。勇敢なフォロワーは、個人的にリスクがあっても、その情報を伝える責任を負う。一方リーダーには、そうしたリスクを軽減する雰囲気やルートを整える責任がある。そうしたルートはただつくるだけでなく、官僚的な妨害や文化的な妨害を受けていないか定期的に確認しなければならない。

識別——正しい行為とは?

リーダーは、自分たちの方針や事業計画、経営スタイル、作業過程が与える影響について、フィードバックが得られるルートを多く持つほど、その是正と向上、そして成長を続けるうえで有利になる。そうしたルートになるのは、公式・非公式の報告プロセス、内部・外部の監査役、専門調査団と顧問団、開かれた扉とオンブズマン、その他、組織の資金が許す手段である。

これらのルートから明白で筋の通った意見がもたらされると、それは有効かつ重要な情報である可能性が高い。軌道の修正や、場合によっては転換が求められるかもしれない。しかしリーダーは、情報が自分の大切にしてきた信念と相反する場合は特に、危険を冒してもそれを無視しようとする。また、寄せられた意見のつじつまが合わず、さまざまな異論を含む場合もある。それらはリーダーシップの中心的戦略や経営方針を否定するにはいたらないとしても、疑問を投げかける。リーダーは、こうした不均一な情報の数々にどう対応すべきだろうか。

まさにリーダーシップをとるものとして、リーダーは往々にして組織やそのメンバーの最前方に押し出される。そのとき、フォロワーや同僚の意見ばかり聞いて行動すると、リーダーシップがとれなくなるが、彼らの声がリーダーの見識と大きくずれていたり、互いにひどく食い違っているからといって、ただ無視してしまうのも危険である。意見が分かれる問題について、ほかの手段で分析することもできるが、それでとるべき行動とその根拠が示されるとは限らない。

こうした状況に直面して、リーダーはその役割を果たすべき重要な岐路に立たされる。すなわち「どの道を進むべきか？」ということだ。岐路にあって、リーダーには強く惹かれる選択肢がある。自分の信念を貫き、「直感に頼り」、「そのまま突き進む」ことだ。それで結果が正しければ、リーダーは英雄になれる。しかし、まちがっていれば、組織やそれに関与する人びとは大きな代償を支払うことになる。リーダーは、自分の内なる声に従うことと、勇敢なフォロワーの懸念の声に耳を傾けることのバランスを、どのようにとっていけばいいのだろう。

そのようなとき、リーダーは方針をいったんリセットし、いくつもの信念と行動のなかで、根拠がしっかりしているものと誤っている可能性があるものを、慎重により分けなければならない。このプロセスは、「識別」と表現してもいいだろう。クエーカー教徒にとっては神から下された使命と、自尊心に導かれた行動との区別を意味する言葉だ。

とはいえ、クエーカー教徒と違って私たちは精神的次元まで引き合いに出さずとも、それが目的に導かれた行動か、それとも自尊心に導かれた行動かを見分ければいいのである。方針、戦略、一連の行動は、本当に共通目的に役立っているのか、それともリーダーや首脳部がそれに力を注ぐあまり、今や共通目的の遂行が、ほかの目的の手段となってはいないだろうか。

たとえば管理者であり続けたい、正当な立場でありたい、自分は組織にとって重要で有力だと感じたい、成功し十分な報酬を得たい、あるいはわが身を守りたいといった目的である。予想されるこうした動機は、表面化することはめったにないが、それに導かれてリーダーが浅はかな行動をとることは少なくない。

リーダーにとってはるかに望ましいのは、なんらかの問題に直面して選択を迫られる前に、あらかじめ自らの動機を把握しておくことだ。変革が求められたとき、窮地に立たされるまで変化しようとせず、追い詰められて初めて自分たちの地位と組織、あるいはそのいずれかを救おうと躍起になっているリーダーは、それまでの甘さと遅れを厳しく裁かれることになる。また、当然ながら誰しも力と威信と報酬を与えてくれる現状を維持したいと願うものであり、その思いが強力なフィルターとなって、ほかの人には見える状況の重要性や緊急性が見えなくなってしまう。けれども、リーダーシップにおいてタイミングはきわめて大切である。大きな問題を解決するチャンスはおそらく一度しかやってこない。

識別するには、深いレベルの考察が求められる。それはただ選択肢を比較検討するだけのものではない。言うなれば、自分の心を深く分析するプロセスであり、私利私欲、自尊心、特定の戦略や計画または個人への思い入れに駆られた行動と、共通目的に向かって最大の貢献をしようとする行動とを見分ける試みである。

動機の識別を甘く考えてはいけない。人は自分が善人だと信じたがるものであり、その信念に沿って、自分の決断や行為を心地よく思えるような説得力のある解釈をしがちだ。そこには自分の名誉、安全または経済的報酬に関わる重大な問題がかかってくる。このプロセスでは、たいていの場合、ほかの人の助力を求めたほうがよい。信頼に足る顧問や顧問団の代表がいいだろう。助けを求めるリーダーなり首脳部は、秘密が守られることを信じて、すべて正直になることだ。

識別するには、以下のような質問を自分自身に問うか、あるいは信頼するほかの人に尋ねてもらうとよい。

■どのような価値観の序列にもとづいて、この決断がなされるべきか？　価値観に、どのような深い対立が生じているか？
■本件で共通目的が十分にかなえられるとしたら、成功のイメージはどのようなものか？
■リーダーが望む方向に進むと、共通目的をはなはだしい危険にさらすことにならないか？
■共通目的の最善の利益を図ろうとする動機に対抗するものとして、どのような習慣、私利私欲、自尊心に導かれた要因が存在するか？
■こうした要因に押されて、将来の展望、情報、倫理的問題が低く評価されていないか？
■本件におけるリーダーの意向または行動が、より大きな行動様式の具体例だとしたら、さらに深い次元での検討が必要となるのではないか？

最終的に、リーダーは行動しなければならない。たとえほしい情報がすべて手に入らなくても、動機があれこれ混ざっていても、自分たちがやろうとしていることが組織にとってベストの選択だと確信が持てなくても、行動に出なければならない。内省し、相談をしたあげくに、身動きがとれなくなってしまってはいけない。

決断は常にリスクを伴う。それでも行動する際には、リーダーは自分を知り、組織を知り、常に共通目的にとって最大の利益を考える必要がある。自分の個人的な利益を図れないわけではないが、意識的にしろ、無意識にしろ、それが共通目的より優先されることは許されない。これは高度な行動基準であり、この基準を満たすリーダーとそれを支援するフォロワーがいるグループは幸運だ。

役員会の役割

ほとんどの組織には、取締役会かそれに相当するものがある。この機関は、組織のリーダーシップがうまく機能し、その活動が一般に認められている慣行や、それらを定める規則に沿ってなされていることを保証する役割を負う。役員会は組織のリーダーシップの健全さと有効性を高める責任があり、そのために勇敢なフォロワーシップを育む環境を整える責任もある。この責任を、CEOの役割を侵害せずに果たすにはどうすればいいのだろう。

役員会レベルでは、リーダーとフォロワーの役割は複雑になる。うまく運営されている役員会は、活動の目的を示し、期待される倫理的行動の基準を明確にした包括的な方針を定めており、それによって組織にとって望ましいリーダーシップのあり方を示している。この点において、CEOは役員会が描くリーダーシップに従うべきであり、役員会に対して説明責任を負う。同時に役員会は、組織への展望と具体的なリーダーシップをCEOに委ねている。多くの場合、役員会は入念な調査のすえにこの役割にふさわしい個人を見つけ出す。そのうえで役員会がCEOの指揮に従わないのであれば、自滅もやむをえない。

役員会は、組織が健全な政策に沿って首尾よく使命を果たしていることを保証するという明確な受託者責任を負っている。法律では、役員会はCEOをその命令に従わせられることになっているが、実際は、CEOに対して勇敢なフォロワーシップの「パートナー」の役割を果たすことが多く、必要に応じて支援したり、異議を唱えたりする。

現在アメリカでは、一人の人が取締役会会長とCEOを兼任するのが一般的で、それゆえ役員会レベルでのリーダーシップとフォロワーシップの役割はさらに複雑になっている。もっとも、二つの役割が分担されている組織でも、両者の関係は面倒だ。

この複雑な関係を正常に働かせ、役員会を有効に機能させ、その形骸化をふせぐには、役員会に情報を的確に届けるルートを確立する必要がある。役員会は、CEOのオフィスで操作され、まとめられた情報にばかり頼るべきではない。だからといって、CEO抜きで組織とやりとりしてCEOを弱体化したり、ましてやCEOを細かく管理したりすべきでもない。こうした一連の力関係において、役員会はどのようにバランスを保てばいいのだろうか。

ここでふたたび、本書の基本的なモデルに戻ろう。CEOと役員会のメンバーも含め、リーダーとフォロワーは共通目的のために尽力する。この組織原則がはっきりしていれば、その役割を果たそうとする努力が、互いへの信頼の欠如と誤解されることはあまりないだろう。

役員会は、大きな目的のためにスタッフに期待される働きと、その方向に進むスタッフを利益の観点から導くための基準をはっきりと定める必要がある。次に、これらの方針が守られているかどうか監視できるように、組織の内外にさまざまな報告機構をつくらなければならない。そのために役員会が活用できるモデルはたくさんある。

勇気あるフォロワーシップの風土を支えることに関連して、役員会は次のような問題をどう扱えばいいかを積極的に検討すべきだ。

■どのような問題が起きた場合に、オンブズマンまたは内部監査人から役員会に報告させるか？

■ほかのスタッフが不必要な情報を寄せてきた場合、適切に問題を伝えようとするスタッフの意欲をそがないためにはどのように対処するか？

■個々の幹部が役員会に問題を持ち込む際、CEOへの裏切りと見られないために、どのような行動基準を定めればよいか？

これらの問題は、役員会と上級管理職との良好な関係を損ないかねない微妙な性質のものである。しかし、率直に、思慮深く対応すべきだ。

ある問題を役員会にとって重要だと思って持ち込んでくる幹部やスタッフを役員会が支持しなければ、重要であるかもしれない情報が届かなくなるだろう。役員会はCEOやほかの幹部に対し、組織への忠誠を第一とするように強く求めなければならない。スタッフが組織への忠誠心から幹部にとって不都合な行動をとったとき、個々の幹部にそれを背信行為として扱わせてはならない。ここをやり損ねると、スタッフは役員会ではなく、監督機関や弁護士やマスコミのところへ行って問題の是正を求めることになる。そのような問題は本来、役員会が解決できたはずであり、またそうすべきだったのだ。

経験豊かな役員会のメンバーや幹部らは、不満を抱くスタッフがそうした情報伝達ルートを乱用しかねないことを知っている。役員会と幹部は、悪意のある偏った報告と、真剣に心配しての報告とを見分ける互いの能力を信頼すべきだ。同様に、どちらも多様な伝達ルートを持つ大切さを理解しなければならない。そうすれば、組織の是正を促す情報はそれらのルートへと流れ、組織の外に洩れ出すようなことにはならない。長い目で見れば、これはすべての人のためになる。

それと同時に、役員会は、CEOとスタッフの勇気ある人間関係の風土をうっかり損なうことのないように留意すべきだ。CEOは責任を持って、スタッフが共通目的を脅かす問題を組織内のしかるべき人間に安心して持ち込めるような環境を整えていかなければならない。スタッフが責任を負うべき幹部のところへ行かずに、たびたび役員会に来るようであれば、一人ないし複数の役員会メンバーでCEOやほかの幹部に助言することも考えられる。それでも望ましい結果が得られなければ、CEOに発展性のある計画を立案・実践させ、その認識力と能力を磨き、共通目的にとってプラスとなる、健全で自らを正すことのできる組織風土をつくるよう促してよい。

その組織の風土が、勇気あるフォロワーシップを十分に支援できていないことを示す兆候を役員会が無視すれば、高潔なスタッフは組織の外に是正を求めざるを得なくなる。この場合、役員会は組織の是正を促すという受託者責任を果たしていないことになる。

道義心への対応

リーダーの真価が明らかになるのは、フォロワーに道義心を問われたときだ。そこでどんな選択をするかによって、その先何年も組織とそのリーダーたちの運命が左右されるだろう。

フォロワーが道義心を問いただささなければならないと感じたとすれば、リーダーはすでに多くの前兆を見逃すか、あえて目をふさいできたと言える。これが、注意を向ける最後のチャンスかもしれない。しかし、道義心に関する問いかけに込められた暗黙の批判に耳を傾けるのはかなりむずかしい。それがリーダーとしての行動に直結する場合は、当然ながら弁解や自衛に走りたくなるだろう。あるいはほかの指導部に対する真剣な非難だとわかれば、精神的動揺、拒否、あるいは忠誠心の葛藤が胸の内に生じるかもしれない。

ありがちな反応は、道義心を問うてきた人を見下そうとするものだ。これは予想される対応のなかでいちばん安易な、しかも最悪のものだ。その人の人となりや言い分、もしくはそのやり方に欠点を探しがちである。しかし、そのような勇気ある申し立てをする人は相当なリスクを覚悟しているはずであり、根拠もなくそうした申し立てをするわけがないということを頭に入れておかなければならない。彼らの懸念について、何が「不当か」に焦点を当てるのではなく、まず第一に、何が「正当か」を理解しようとすべきだ。

ほかにありがちな行動として、申し立ての内容を軽んじることがある。そうした申し立ては、疑わしく、大げさで、ことによるとヒステリックで攻撃的だと思えるかもしれない。実際そういうこともあるだろう。しかし、それで問題が見すごされ、組織に深刻な損害を与えてようやく気づいたのでは話にならない。突飛に思える非難であっても、かたちだけの調査ですまそうとせず、入念に調べるべきである。また、理にかなっていそうだが、自分にとってそれほど重要ではない非難をないがしろにしてはならない。それらは、おそらくあなたより世論に敏感なほかの誰かにとっては、明らかに重要なのだ。

道義心は、これまで検討してきた一連の行動となって現れるかもしれない。活動への協力を拒む、組織の上層部に状況を報告する、状況が改善されなければ辞職を覚悟で公に訴えると脅す、などである。備えあれば憂いなしと言うように、組織または個々の幹部が道義心を問われたときの対処法を整えておくことは有効である。以下に、その手順として考えられるものをあげる。

■メッセージとメッセンジャーを区別する。その情報を持ってきた人の印象にかかわらず、内容に細心の注意を払う。
■問題の中身と、それを訴える感情の強さの両方に耳を傾ける。状況の深刻さは、この二つの要素によってより的確に判断される。

■第一印象がどうであれ、伝達者に「個人的に」回答する約束をして、そのための時間をさく。
■たとえば文書を破り捨てるというような、その場しのぎの軽率な応急処置に逃げない。
■どのアドバイザーに相談するかを決める。必要に応じて、どの相手であれば秘密情報が法的に守られるかを念頭に置いておく。
■アドバイザーの助けを借りて、状況の全容を理解するために必要な情報をすべて集める。
■この追加情報を活用して、予想される成りゆきを最善から最悪まで、冷静かつ客観的に想定する。
■自分の行動の指針となっている基本的価値観を再考し、改めて表明する。その価値観に沿う考慮すべき選択肢をいくつか設け、状況の重大さに十分に対応する。
■共通目的にとって最もプラスになる行動方針を選び、意欲と勇気、そして状況に見合った想像力を持って行動する。
■その道義心が行動のきっかけを与えてくれた人やグループに「個人的に」、結果を報告する。
■状況の進展に応じて、道義心を示した勇敢なフォロワーを評価するとともに、改善されつつある誤った行動に対して個人的に、または法人として責任を負う。

このような手順は、数時間ですむこともあれば、数週間かかることもあるだろう。こうした状況では、あなたは急がされる立場となり、熟慮するとともに急ぐことが重要になる。リーダーシップを発揮するうえで大切なのは、道義心には等しく道義心を持って応じることだ。そして、勇気には勇気を持って応じる。

リーダーとして、フォロワーとして成長する

人間は、さまざまな関係を通して自らの人生に意味を与える。その関係は、個人の成長から家族、グループや組織、職業や趣味、地域的もしくは世界的な目標、精神的な悟りまで広い範囲にわたる。

なかには一人で知識や楽しみを求めるものもあるが、たいていの関係には社会的な側面がある。そして社会的な領域に入ったとたんに、私たちはリーダーシップとフォロワーシップの役割に関与するようになる。自分たちの文化や活動が、その二つの役割をそれほど厳密に定めるものでなければ、両者の役割は流動的になる。ある状況では導き、ほかでは従い、また別の状況では二つの役割を交互に担ったり、あるいは仲間と平等に分担したりするのだ。

人生という旅路において、こうした役割を通じて成長する機会はたくさんある。その役割で成功するときもあれば、失敗するときもある。いずれの経験からも心して学ばなければならないが、どちらからも学びすぎないようにしなければならない。成功すると、そこにいたるまでに役立ったものに頼りすぎるようになるし、失敗すると、成功をおさめていても手段が疑わしいような他者に頼りがちになる。

リーダーとフォロワーの双方の役割で成長するには、今、自分たちの役割をいかに果たし、この先いかによりよく果たすことができるかを意識しなければならない。成長には動機、とり

わけ内なる動機が必要となる。また、なじんだ行動を変え、技能を磨きあげるには、困難な仕事に取り組むことが求められる。最終的に、成長には周囲からのフィードバックが欠かせない。その助けを借りて、自分が今どのように行動し、それ以上に何をすべきかを判断するのだ。

リーダー、そしてフォロワーとして――そう、あなたはその両方である――さまざまな人間関係という実験室のなかに、成長に必要な環境をつくっていく。フォロワーとしては、過ちについてリーダーを責めすぎてはいけない。また、リーダーとしては、やはりフォロワーを責めすぎてはいけない。どちらも相手に影響を及ぼし、向上させる力がある。この力を有効に使える勇気と技能を育てていこう。

リーダーとフォロワーとしての役割がうまく果たせるようになれば、力を注いできた共通目的に利益をもたらすことができる。それが、私たちが人生の結果として残す、意義深い遺産である。

力を正しく発揮したからといって目的が確実にかなえられるわけではないが、そうできたこと自体が成功と言えるだろう。

真摯さを持って共通目的を達成するには、核となる正しい価値観が不可欠だ。持てる力を発揮するには、成功を信じる気持ちと、失敗をいとわぬ熱意が前提となる。けれども、たとえ目的を達成できなくても、正しい価値観のうえに力を発揮したのであれば、良識の欠如ゆえに害が拡大することはないだろう。

リーダーとフォロワーのバランスのとれた関係がもたらす恩恵は、あらゆる健全な関係がもたらす恩恵と同じである。そこには公正な争いがあり、成長と互いへの尊敬、そして愛さえも生まれる。力が健全に発揮されれば、自分たちが仕える人びとの生活の改善を目の当たりにすることができる。リーダーとフォロワーがそれぞれの役割を果たせば、どちらもさらに人の役に立てるようになる。この他者への貢献こそが、私たちの人生に意味を持たせるのだ。

健全な関係を築き、充実した生活を送るには、勇気が必要だ。勇敢なリーダーとフォロワーが協力して種をまいていけば、たとえすぐには収穫が得られなくとも、その真摯さと献身によって土壌を豊かにし、次の作付けに臨むことができる。

フォロワーシップについての瞑想

私にとって勇敢なフォロワーになることは、良い人間になることと同じく、日々の、そして生涯にわたる課題である。望ましい状態を心に描くと、いずれそれは現実となる。私が目指す状態を具体的に理解していただくために、私が瞑想するときに思い描くイメージをお伝えしよう。おそらくみなさんにとっても助けとなるだろう。

■私はこのグループの管理者《スチュワード》であり、その成功の責任を共有する。
■私は自分が思い描ける最高の価値観に従う責任がある。
■私は自分の成功と失敗、そしてその両方から学び続ける責任がある。
■私は、私という人間の好ましい部分と好ましくない部分の両方に責任がある。
■私は自分と同じく不完全な人に共感できる。
■私は一人の大人として、組織の正式なリーダーであるほかの大人たちに対等な立場で関わることができる。
■私はリーダーを支えて助言し、彼らからも支援と助言を得ることができる。
■共通の目的は最高の指針である。

■私には、リーダーを助けてその力を賢く有効に使わせる力がある。
■リーダーが力を乱用した場合は、私はその行動を変えるように手助けすることができる。
■私が力を乱用した場合は、ほかの人びとから学んで自分の行動を変えることができる。
■不正なリーダーが行動を変えない場合は、私は支援をやめることができ、実際にそうするだろう。
■私は自分の価値観に忠実であり続けることによって他人の役に立ち、自分の潜在能力を十分に発揮することができる。
■フォロワーによる幾多の勇敢な行動の一つひとつによって世界は向上させられる。
■勇気は今ここに存在する。今日、私には何ができるだろう?

謝辞

本書の初稿を友人のスティーブン・ボサッカーに読んでもらった。彼は優秀な経営専門家で、当時はある国会議員の首席補佐官を務めていた。彼の励ましは、この執筆を続ける大きな原動力となった。また、早い段階で本書を読み、励ましと批評を与えてくれた人たちがいる。ジャネット・ポーリー博士、アメリカ下院議員のティム・ペニー、ジェフ・フィシェル博士、スーザン・ハモンド博士、フランク・グレゴルスキー、ダイアン・トンプソン、サラ・キング、カーク・ストロンバーグ、そして、私の友人であり作家仲間でもあるオリヴィア・メランだ。

第二稿から読んでくれたダンカン・キャンベル、ビル・シュミット、ジャック・J．フィリップス博士、ジム・リービッグ、ドン・ザッヘール少佐、ヘレン・フォスター、フランク・バスラー、ゴードン・マッケンジー、プルーデンス・ゴフォース、ウォルター・ウルマー将軍、そして、リーダーとフォロワー両方の役割を果たしながら私と付き合ってくれた友人のロン・ホプキンスからも激励と重要な意見をもらった。特に、ジム・リービッグとビル・シュミットには感謝している。ジムの指摘のおかげで、原稿の弱点を修正することができた。ビルは、「共通目的」をリーダーとフォロワーの関係の中心に据えて強調するよう勧めてくれた。

再版にあたっては、ジーン・ディクソンに大変お世話になった。本稿を書いている現在、ジーンはアラバマ大学でフォロワーシップに関する論文を書いている最中だが、彼は「組織を去る勇気」を「道義的な行動を起こす」の章へ発展させることによって、私が提示する「勇敢なフォロワー」のモデルを強化できると教えてくれた。また、新しく加えた第7章「フォロワーに耳を傾ける」も、彼の意見に大いに助けられた。ほかにも、この章に専門的な意見を寄せてくれたラルフ・ベーツ、ブレント・ウケン、そして冒頭にもあげたスティーブン・ボサッカーにも感謝したい。

また、ビジネステクノロジー研究所と議会マネジメント財団の同僚たちには、長年、さまざまなかたちで支援や励ましをくれたことに改めて感謝したい。勇敢なフォロワーシップの特性を数多く備え、手本を示してくれたエグゼクティヴ・コーチング&コンサルティング・アソシエイツの同僚たちも、このリストに謹んで加えさせていただく。ほかにも、勇敢なフォロワーシップの重要性をそのプログラムに組み込んでくれたジョージタウン大学のリーダーシップ開発プログラムと専門能力開発センターに感謝している。

この旅の供であるベレット - ケラー出版社の優秀なスタッフに、心よりお礼を申しあげる。特に、二人の社長には感謝の意を表したい。パット・アンダーソンは、このプロジェクトに出会ったときからずっと精力的に応援してくれた。彼女の熱意は私の翼に力強い風を送ってくれた。スティーブン・ピアサンティは、この研究の重要性を構想の段階で早くから気づき、初版・再版両方その可能性が最大限に引き出せるよう導いてくれた。彼は天使たちと力をあわせて仕事をしていると私は感じ、今もそう信じている。

原書第二版によせて

"The Courageous Follower"の初版が出たのち、リーダーとフォロワーの力学に興味を抱く多くの人と対話する機会があった。彼らのほとんどは、フォロワーにはリーダーの力を有効に発揮させ、その浪費や乱用を防ぐ重要な役割があると考えていた。

喜ばしいことに、初版に記した原則を活用したという報告が数多く寄せられている。警察、教師、聖職者、合唱隊、企業研修、社会運動家、行政官庁、労働組合、協会、軍隊など、その環境は実に多彩だ。その原則によって、組織の気風に影響を及ぼした人もいれば、職場での個人的なジレンマを解消した人もいた。

当然ながら、私はそのような人たちとの対話や、主催するリーダー・フォロワーの力学を学ぶワークショップを通じて、本書のテーマについて初版を執筆したころよりさらに多くのことを学んだ。加えて、今世紀の幕開けに大企業、政府機関、宗教界を動揺させた厄介な事件も一つのきっかけとなり、私は再版にあたって加筆訂正することにした。すでに初版をお読みくださった読者は、次のような項目が補足され、内容がより充実したことに気づかれるだろう。

セルフ・アセスメント

私たちはそれぞれ、自分が理想とするフォロワーシップを認識し、その強みと限界を理解する必要がある。私が開発した模範とすべきフォロワーシップのスタイルを本書に書き加えた。何百人というワークショップの参加者は、それを便利な枠組みとして活用し、自身の成長の必要性と目標を探ってきた。

リーダーを支援する

初版では、リーダーを積極的に支援するというテーマを取りあげたが、この部分はもっと強調すべきだと気づいたので、リーダーとの関係の構築について考察を加えた。たいていの人はリーダーシップに欠点を見つけてもただ冷笑するだけで、プラスの影響を及ぼせる関係を築こうとしない。

上位のリーダーへのフィードバック

これまで見てきたところ、フォロワーが抱える最も厄介なジレンマの一つは、直属の上司に持っていっても、さらに上位の上司の行動や方針に対峙しないことには解決できない問題にどう取り組むかということのようだ。直属の上司がさらに上位の上司に働きかけるのをどのように支援すべきかについて、考察を加えた。

道義的行為と内部告発者

初版では、フォロワーが道義上の不満から組織を去る際の問題を取りあげた。本書では考察をさらに広げ、ただ職を辞すだけでなく、可能となるさまざまな道義的行為について検討している。近年、企業の不正や聖職者の反倫理的行為、危険の警告に対する政府の不適切な対応といった問題が続発し、組織における道義心の欠如がどれほどはなはだしい害を及ぼすかということに、世間の関心が集まっている。この改定版では、組織システムから離脱して内部告発者となる以前に実行できる道義的行為を検証している。そのような行為が手遅れにならないうちに効果をあげれば、すべての人にとってプラスになる。

勇敢なフォロワーの声に耳を傾ける

どんなに勇気と能力のあるフォロワーでも、不快な真実を見ようとしないリーダーから組織を救うのはむずかしい。その結果、リーダーが個人的に失敗するのみならず、組織が深刻な痛手を被ることも少なくない。このまったく新しい第7章は、勇敢なフォロワーの模範的モデルを示し、リーダーに直接進言することを勧めるだけでなく、企業の活動に責任を負う、さらに高位のリーダーや取締役会、監督グループに進言することを勧める。また、勇敢なフォロワーシップに対する企業文化の反応を改善するための戦略を提示している。いずれも、絶え間ないトラブルから組織を救う可能性を秘めている。

勇敢なフォロワーシップは、最大限に発揮されたときには、むしろまったく表に現れないものである。組織やリーダーはそうとは気づかずにフォロワーに尽くされ、支えられ、まちがいを正され、変化を促され、道義的に正しい行為へと導かれている。読者の皆さんが役に立つアイデアを数多く見出し、心穏やかに成功を享受できることを願っている。

訳者あとがき

本書はアメリカで一九九五年に出版されて以来、版を重ね、読み継がれています。企業、組合、軍隊などの推薦図書リストの常連で、その内容に沿ったレクチャーも開かれ、高い効果をあげているそうです。著者アイラ・チャレフは長年にわたって議会マネジメント財団の幹部として、アメリカ議会の運営改善に尽力してきました。合わせて、八七年にはビジネステクノロジー研究所、九八年にはエグゼクティブ・コーチング&コンサルティング・アソシエイツを設立し、組織の生産性を個人レベルと集団レベルで高めるためのトレーニングとコンサルティングを提供しています。

アメリカのカーネギーメロン大学の調査によれば、組織が生み出す成果のうち、リーダーや経営陣によるものは二〇パーセントにすぎず、残り八〇パーセントはフォロワー、つまり部下によるものだそうです。組織の成否の鍵を握る要因として、フォロワーシップは近年ますます注目されています。

著者が理想として掲げるのは、上司より広い視野、長期的な展望を持ち、自ら上司と組織を育てていく能動的な部下《フォロワー》です。当然ながら、そうなるのは生やさしいことではなく、ときには上司に苦言を呈する勇気も必要とされます。忙しすぎる上司、暴言を吐く上司、以前成功した手法に固執する上司、ことなかれ主義の上司、昇格してのぼせあがっている上司、不倫やセクハラをやめない上司など、本書には困った上司がぞくぞくと登場します。どうすれば彼らを変えることができるのか。著者が薦めるアプローチはかなり直球勝負です。大切なのは誠実さと勇気、そしてあきらめないこと。「勇敢なフォロワーに恵まれたリーダーは運がいい」という著者の弁は、そうした実例を何度となく見てきたからこその本音なのでしょう。

組織が上昇しているときも、下降しているときも、フォロワーこそがその運命を握る真のリーダー（導く人）なのです。著者はこう問いかけます。

「勇気は今ここにある。今日、私には何ができるだろう」

本書が、フォロワーでありリーダーである皆様の勇気ある前進の一助となることを祈ります。

ダイヤモンド社の中嶋秀喜氏には意義ある本書をご紹介いただき、刊行にいたるまで的確なご助言とご指導をいただきました。心より感謝申し上げます。

二〇〇九年一一月

野中香方子

［著者］
アイラ・チャレフ（Ira Chaleff）
ワシントンＤＣを拠点とするエグゼクティブ・コーチング＆コンサルティング・アソシエイツ（www.execoach.com）代表、および政界のリーダーとそのスタッフにマネジメント研修とコンサルティングを提供する議会マネジメント財団の会長を務める。
『リーダーシップ・エクセレンス』誌（www.eep.com）によって、2007 - 2008年の「トップリーダーシップ・コンサルタント」ベスト100に選ばれた。

［訳者］
野中香方子（のなか きょうこ）
翻訳家。お茶の水女子大学文教育学部卒業。
主な訳書にジョン・Ｊ・レイティ『脳を鍛えるには運動しかない！』、マシュー・ブレジンスキー『レッドムーン・ショック』、グレゴリー・バーンズ『脳が「生きがい」を感じるとき』(以上、ＮＨＫ出版)、クレイグ・ベンター『ヒトゲノムを解読した男』、ジョン・ホイットフィールド『生き物たちは３／４が好き』（共に化学同人）などがある。

ザ・フォロワーシップ
――上司を動かす賢い部下の教科書

2009年11月27日　第１刷発行

著　者――アイラ・チャレフ
訳　者――野中香方子
発行所――ダイヤモンド社
〒150-8409　東京都渋谷区神宮前6-12-17
http://www.diamond.co.jp/
電話／03·5778·7232（編集）　03·5778·7240（販売）
装丁――――重原隆
製作進行――ダイヤモンド・グラフィック社
DTP ―――インタラクティブ
印刷――――信毎書籍印刷（本文）・慶昌堂印刷（カバー）
製本――――川島製本所
編集担当――中嶋秀喜

ISBN 978-4-478-00577-4